每日 한병 : 다이어트 스무디

spinach

yogurt

banana

almond
milk

strawberry

pineapple

오늘부터 그린그린하게!

매일매일 스무디스무디하게!

F·book Spoon
# 3
마시면서 건강하게,
매일매일 예뻐지게!

每日 한 병
매일

: 다이어트 스무디

김수연 지음

for book

편집자의 말

## 채소는 철이 들어야 좋아지는 음식이래요!

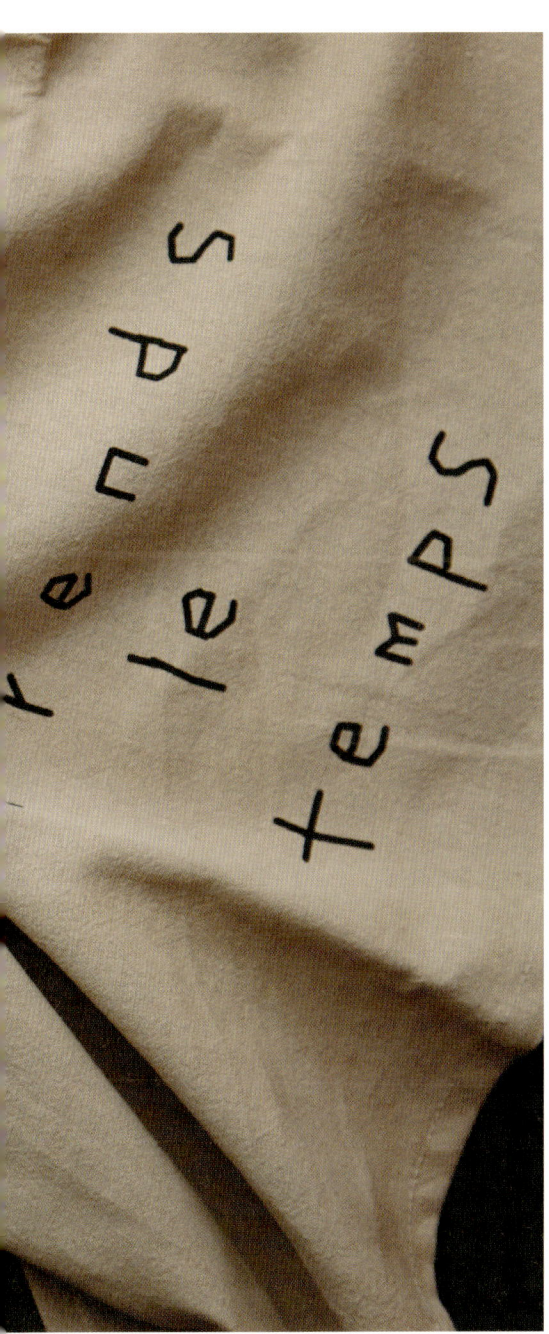

## 그린 스무디 마시면서 철 좀 들까요?

입이 좋아하는 음식만 먹고 살다가 어느 날 문득, 정신을 차립니다. 아! 나 정말 이렇게 살아도 괜찮을까? 문득 두려운 생각이 들기 시작하죠. 맛있는 음식 중에는 술수와 계략이 가득 담긴 게 참 많아서 마치 함정 속으로 빠져들 듯 자꾸 중독이 돼 가니까요. 벗어날 수가 없는 거예요. 나쁜 남자에게 끌리는 것처럼, 꼭 그렇게!

내 몸을 정화시키는 일. 그 중심에 채소가 있습니다. 당근을 마치 무슨 바이러스 보듯 하다가도, 오이를 무슨 범죄자인 양 슬슬 피해 다니다가도, 풀 내 나는 모든 채소들을 쓰레기 취급 하다가도 불현듯 마음이 확 돌아서는 거예요. "그래! 채소를 먹어야 해! 그것만이 살 길이야!" 하면서.

몸에 좋은 음식을 먹는다는 것은 마음을 다잡아 한 걸음, 더 단단해지는 일입니다. 입에 단 것만 찾아다녔던 철부지가 이제 정말 어른이 되고 싶어졌다는 뜻입니다. 좋은 음식으로 몸이 단단해지고, 좋은 음식으로 날씬했던 시절을 되찾고, 건강한 음식들로 생기 있고 맑은 나날들을 다시 만날 수 있다는데 못 할 이유가 있을까요.

스무디로 시작하자고 말을 겁니다. 가공하지 않은 날것 그대로의 자연을 몸속에 차곡차곡 저장하면서 나쁜 기운은 싹 씻어내기로 하지요. 적어도 하루 한 끼쯤은 그렇게, 내 몸을 위해 좋은 일 한번 해주면서 살아도 괜찮지 않겠어요?

다이어트라는 이름을 붙였습니다만, 꼭 그렇게 규정짓지는 않기로 합니다. 맑아지게, 밝아지게, 명랑한 몸을 만들도록… 이 책이 해보겠습니다.

[에프북] 일동

저자의 말

## 요리하는 거 정말 귀찮아요!

스무디가 대세랍니다. 짜 먹는 주스로 몸을 살피는가 싶더니 이제 아예 찌꺼기 하나 없이 싹 갈아서 먹는 스무디로 갈아타게 된 모양입니다. 다 좋습니다. 주스도 좋고, 스무디도 좋고! 무엇보다 식구들, 아니 나부터도 잘 먹게 되지 않는 채소와 과일 같은 것들을 충분히 먹을 수 있게 해주니 이보다 더 좋은 일은 없는 것 같습니다.

요리 하나 제대로 만들어 보려면 참 많은 재료들이 필요합니다. 서너 가지 재료는 기본에다 손질하고, 모양내어 썰고, 지지고 볶거나 끓여서 완성하려면 불 앞을 서성거려야만 합니다. 하지만 스무디는 그런 수고를 덜어주지요. 재료 준비하고 대충 숭덩숭덩 썰어서 블렌더에 담기만 하면 요리가 됩니다. 고마운 일입니다.

더구나 이렇게 설렁설렁 만든 음식이 몸에 좋은 기운을 불어넣어 준다는 것도 감사한 일입니다. 끼니 거르기 일쑤인 사람들에게는 특히 더 챙기라고 주문 걸고 싶은 음식입니다. 한 끼 식사 대용으로도 충분할 만큼 많은 영양분을 품고 있으니 든든하기 짝이 없습니다.

원하는 스무디 식단을 짜고, 재료를 사다가 미리 소분해 놓으면 만들어 먹기가 훨씬 수월할 것입니다. 구입한 재료를 이리저리 섞어서 사용하면 남는 것 하나 없이 다 먹을 수 있습니다. 몸 안의 나쁜 기운들을 덜어내고, 자꾸 쌓이는 지방도 좀 빼내고, 그렇게 서서히 건강한 몸, 날씬한 몸, 아름다운 몸을 만드는 일에 힘을 보태줄 음식이 아닌가, 싶습니다. 귀찮다 말고 챙겨 마시면서 착한 몸을 만들어 보시길 바랍니다.

요리하는 김수연 씀

요리인 듯 요리 아닌 건강한 한 끼 어떠세요?

차례

06 편집자의 말
그린 스무디 마시면서 우리, 철 좀 들까요?

08 저자의 말
요리인 듯 요리 아닌 건강한 한 끼 어떠세요?

12 [에프북]이 다녀왔습니다!
여기는 건건동 [하늘바람농장]입니다
약 묻지 않은 날것의 자연이 자라고 있지요

16 [에프북]의 생각입니다!
다이어트만 생각하는 책은 아닙니다
면역력 키우면서 예뻐지자는 책입니다

22 재료 준비
유기농, 친환경, 무농약… 착한 재료 고르기

24 갈아보기
스무디용 믹서가 있으면 좋고…
없으면 요령 찾아서 갈면 되고!

26 간지녀의 대세, 자(JAR)…
스무디 습관 만들어줄 파트너

## 1장 아침 식사 대용으로 좋아요
채소 + 과일 + 물!
저칼로리 그린 스무디

30 우리가 그린 스무디를 마셔야만 하는 이유
32 그린 스무디를 만들기 전에 알아둘 것들
36 5가지 녹색 채소에 과일을 더해 만든 그린 레시피
38 시금치
39 + 오렌지바나나스무디 141kcal
40 + 수박레몬스무디 140kcal
42 + 배청포도레몬스무디 219kcal
44 케일
46 + 바나나파인애플셀러리스무디 83kcal
47 + 귤사과스무디 148kcal
48 + 딸기바나나스무디 82kcal
50 청경채
52 + 귤키위바나나스무디 166kcal
53 + 자몽파인애플바나나스무디 119kcal
54 + 오렌지망고스무디 188kcal
56 로메인
58 + 키위바나나스무디 104kcal
60 + 사과아보카도레몬스무디 195kcal
61 + 배셀러리레몬스무디 210kcal
62 근대
64 + 망고파프리카레몬스무디 129kcal
66 + 청포도키위스무디 144kcal
67 + 바나나사과오렌지스무디 197kcal
68 입에 쓴 약이 몸에는 좋은 법이니까!
고수들을 위한 그린 스무디 레시피 12
72 로메인셀러리오렌지레몬스무디 97kcal
로메인딸기파프리카레몬스무디 68kcal
청경채바나나토마토레몬스무디 114kcal
파슬리청경채바나나파인애플스무디 108kcal
파슬리어린잎오렌지블루베리스무디 144kcal
어린잎셀러리귤배스무디 138kcal

| | |
|---|---|
| 74 | 근대키위바나나오이스무디 **135kcal** |
| | 양상추미나리바나나사과스무디 **82kcal** |
| | 시금치케일자몽토마토스무디 **110kcal** |
| | 시금치쑥갓딸기파인애플스무디 **79kcal** |
| | 시금치아보카도오렌지파프리카스무디 **170kcal** |
| | 시금치사과귤키위스무디 **144kcal** |

## 2장 점심 식사 대용으로 좋아요
### 비타민 + 식이섬유 + 미네랄! 스위트 과일 스무디

| | |
|---|---|
| 80 | 과일 스무디에 대한 몇 가지 공부 |
| 82 | 책 속 레시피에 담긴 과일과 채소의 효능 |
| 86 | 과일 스무디를 만들기 전에 체크할 것들 |
| 88 | 키위 + 딸기 + 바나나스무디 **174kcal** |
| 90 | 포도 + 수박 + 레몬스무디 **159kcal** |
| 91 | 포도 + 자몽스무디 **120kcal** |
| 92 | 블루베리 + 바나나스무디 **155kcal** |
| 94 | 바나나 + 딸기 + 아몬드스무디 **360kcal** |
| 96 | 딸기 + 오렌지스무디 **144kcal** |
| 98 | 골드키위 + 귤스무디 **170kcal** |
| 99 | 망고 + 귤스무디 **217kcal** |
| 100 | 토마토 + 자몽 **108kcal** |
| 101 | 사과 + 양배추 + 레몬스무디 **145kcal** |
| 102 | 골드키위 + 셀러리 + 바나나스무디 **147kcal** |
| 103 | 파인애플 + 오이 + 레몬스무디 **71kcal** |
| 104 | 오렌지 + 사과 + 파인애플스무디 **166kcal** |
| 105 | 오렌지 + 토마토 + 파인애플스무디 **118kcal** |
| 106 | 딸기 + 아보카도 + 레몬스무디 **218kcal** |

## 3장 저녁 식사 대용으로 좋아요
### 두유 + 요구르트 + 아몬드밀크! 에너지 업! 단백질 스무디

| | |
|---|---|
| 114 | 밥 없는 저녁 밥상에는 단백질 스무디 |
| 116 | 단백질 스무디 재료들의 영양 성분 |
| 120 | 두유 + 사과당근생강스무디 **245kcal** |
| 121 | 두유 + 시금치사과당근스무디 **244kcal** |
| 122 | 두유 + 바나나사과생강스무디 **253kcal** |
| 123 | 두유 + 딸기파프리카스무디 **160kcal** |
| 124 | 두유 + 블루베리아보카도스무디 **339kcal** |
| 126 | 요구르트&아몬드밀크 + 케일파인애플스무디 **104kcal** |
| 128 | 요구르트&아몬드밀크 + 망고브로콜리레몬스무디 **295kcal** |
| 129 | 요구르트&아몬드밀크 + 파인애플양배추스무디 **116kcal** |
| 130 | 요구르트&아몬드밀크 + 망고파프리카당근스무디 **222kcal** |
| 132 | 요구르트&아몬드밀크 + 시금치바나나딸기파인스무디 **201kcal** |
| 134 | 코코넛워터 + 시금치케일바나나배스무디 **263kcal** |
| 135 | 코코넛워터 + 청경채블루베리오렌지스무디 **165kcal** |
| 136 | 코코넛밀크&코코넛워터 + 망고파인애플아마씨스무디 **379kcal** |
| 137 | 코코넛밀크&코코넛워터 + 바나나블루베리치아시드스무디 **411kcal** |
| 138 | 아몬드밀크 + 망고케일치아시드스무디 **239kcal** |

[에프북]이 다녀왔습니다!

여기는 안산시 건건동 [하늘바람농장]입니다

약 묻지 않은 날것의 자연이 자라고 있지요

뭐 좀 한다 싶으면 아주 유난을 떠는 것이 저희 에프북 여자들의 특징입니다. 그냥 해도 되는데 난리블루스를 떨죠. 시장이나 마트에 가면 수두룩한 채소들인데 스무디 책 좀 만든다고 농장까지 찾아가는 건… 좀 오버 아니겠어요?

그래도 갔습니다. 익혀 먹을 음식도 아니고, 생으로 싹싹 갈아 먹을 음식이니 유기농에 친환경은 기본이니까요. 물어물어 찾아간 곳은 안산시 건건동에 위치한 [하늘바람농장]이었습니다. 신문사에도 다니고 출판인으로도 일했다는 이곳의 대표는 건강상의 문제로 모든 것을 접고 자연과 더불어 살기 시작했답니다. 입으로 들어가는 대부분의 음식들을 직접 키워 먹기 시작한 거죠. 건강? 당연히 회복되었다고 했습니다. 그것도 아주 단단하고 야물게! 자연의 덕 좀 보게 된 것이지요.

일단 이곳에는 먹는 풀들이 풍성하게 자라고 있습니다. 물론 열매도 있습니다. 과일은 드문드문 있지만, 그린그린한 아이들은 아주 원기 왕성하게 크고 있더군요. 초록이 무성한 널따란 농장 한쪽에서는 닭도 놀고, 오리도 거닐고, 심지어 산양도 식구 되어 살고 있습니다. 참! 진돗개도 있습니다. 그 녀석들 모두가 한울타리 안에서 도란도란 건강하게 살고 있었습니다. 한솥밥 먹으면서 옹기종기!

좋은 것만 먹고 자란 닭이 주먹 크기나 될 듯 싶은 알을 낳았는데 맛도 때깔도 기가 막힙니다. 젖이 돌아 뚱뚱해진 산양은 매일매일 우유를 제공해 주는데 그 맛이… 하! 참으로 고소하고 담백합니다. 우유가 있으니 또 뭐가 있을까요? 치즈! 주인 부부 둘이서 공들여 만든 산양 치즈도 일품이었습니다.

농장 광고도 아닌데, 그 농장이 뭘 막 내다팔고 그런 곳도 아닌데… 굳이 이런 이야기를 쓰고 있는 것은 '자연을 먹는다는 것'에 대해 조금 더 말하고 싶어서입니다. 그날, 그 농장에서요. 물에다 씻을 겨를도 없이 밭에서 툭툭 딴 채소들을 씹으면서 그 향긋한 단맛에 감동했습니다. 야들야들하고 어린 그 잎들이 우리 몸속에 그린 에너지를 가득 채워주는 것만 같은, 이상한 기운을 느꼈던 것이지요.

병에 걸리면 사람들은 만사 제치고 자연으로 가서 흙밭에 뒹굴며 삽니다. 살이 찌면 사람들은 토끼로 변신할 것처럼 채소밭을 서성거리게 되지요. 자연 그대로의 음식이란 그런 것. 돌아가면 언제든 반겨주는 엄마 같은 존재인 듯합니다. 참고로 암 선고를 받았던 이 농장의 대표도 수술 받고 자연으로 돌아와 살면서 진짜 사람이 되었다 했습니다. 몸도 마음도 기쁘고 건강한 진짜 사람!

자연 그대로의 음식을 즐기다 보면 간이 센 음식, 자극적인 맛에 익숙해졌던 식성이 고분고분한 아이처럼 착해집니다. 스무디는 그런 과정에서 즐기기에 아주 적당한 음식이기도 합니다. 소금 간 없이, 그저 재료 본연의 맛에다 꿀의 단맛을 조금 가미해 마시면서 자연의 맛에 길들여지는 것이지요. 고수가 되면 단맛 한 방울 없이도 충분히, 거북한 맛도 얼마든지, 한껏 즐길 수 있게 된다고 하더군요.

채소와 과일이 있는 나날. 싱그러운 자연의 맛이 끊이지 않는 일상. 이 작은 변화가 두서없는 내 생활을 건강하게 단련해 주는 촉매제가 될 것 같습니다. 그러면 살아가는 일이 더욱더 '자연스러워'지지 않겠어요?

[에프북]의 생각입니다!

# 다이어트만 생각하는 책은 아닙니다!
# 면역력 키우면서 예뻐지자는 책입니다

아주 깐깐한 다이어트 프로그램을 짜서 제시하고,
반드시 거기에 맞춰서 만들어 먹어야 효과를 본다는 책?
그런 책을 만들고 싶지는 않았습니다.
엄청난 분량의 레시피가 담긴 사전 같은 책?
몇 가지 따라하지도 못한 채 포기한다는 것,
그 사실에 주목해 실속 있는 레시피만 담았습니다.
처음 마시는 사람도, 아이도, 남자도 얼마든지 먹을 수 있게
기분 좋고 건강한 맛을 내는 일에도 힘을 실었습니다.
칼로리만 낮추면 된다는 갇힌 생각에서 벗어나
맛나게 즐기면서 가벼운 몸을 만들 수 있도록
그렇게 건강한 습관을 몸에 붙일 수 있도록
면역력까지 덩달아 높이면서 예뻐질 수 있도록!
손잡아 이끌어주는 만만한 길잡이가 될 것입니다.

다른 다이어트처럼 보식 기간을 거칠 필요 없이
원하는 끼니에 식사 대신 스무디 한 잔이면 충분합니다.
프로그램은 얼마든지 내 마음대로, 규칙 없이 자유자재로!
초보자라면 채소와 과일의 양을 비슷하게 맞추다가
시간이 지날수록 채소의 양을 늘리는 것을 목표로 하세요.
녹색 채소량을 늘릴수록 해독 작용이 더 좋아질 테니까요.
처음에는 책 속의 레시피대로 만들어 보다가
내 몸과 내 입맛에 맞게 재료를 배합해 보는 것입니다.
싫어하는 과일은 빼고, 씨앗류, 새로운 잎채소를 추가하는 식의
자유자재 레시피를 만들어 보는 것도 즐거운 일입니다.

이렇게 최소 3개월쯤 꾸준히 마시다 보면
매끈한 피부와 탄력 있는 몸매를 만나게 될 것입니다.
몸이 단단해지는 느낌을 받을 수 있게 될 것입니다.

## 이렇게 마십니다!

**1 건강 지키고 면역력 높이는 습관을 들이고 싶다면?**
→ 아침 식사 대용으로 1잔씩

**2 집중적인 폭풍 다이어트가 필요하다면?**
→ 식사 대용으로 하루 3잔씩 사흘간 / 자유 반복
**아침** : 그린 스무디
**점심** : 과일 스무디
**저녁** : 단백질 스무디

**3 부분 단식으로 몸을 해독하고 싶다면?**
→ 평소에는 아침 식사 대신 그린 스무디 1잔
일주일에 하루만 식사 대용으로 하루 3잔

**4 식단에서 부족한 채소 밸런스를 맞추고 싶다면?**
→ 식사와 별개, 그린 스무디 위주로 간식처럼 하루 1잔

**5 비타민 보충이 필요한 아이들을 위해서라면?**
→ 채소와 과일이 믹스된 스위트 스무디 위주로, 간식처럼 하루 1잔

## 이런 것도 알아둡니다!

1 아침, 눈을 뜨자마자 스무디부터 갈아 마시는 것은 바람직한 방법이 아니다. 공복에는 물 한 잔을 먼저 마신 뒤에 스무디를 마실 것을 권한다.

2 식사 대용으로 하루 종일 스무디를 마신다고 해서 다른 음식을 지나치게 경계할 필요는 없다. 굶어야 한다는 강박관념은 버리는 것이 중요하다. 허기가 느껴질 때는 과하지 않을 정도의 음식을 섭취할 것.

3 고단백에 완전식품으로 알려진 달걀은 스무디 다이어트를 할 때 즐기기 좋은 간식거리. 허기가 느껴질 때는 기름을 사용하지 않은 삶은 달걀이나 구운 달걀을 먹으면 좋다. 두부나 버섯류, 렌틸콩, 약간의 견과류 등 칼로리에 대한 부담을 낮출 수 있는 음식들을 병행하는 것도 방법이다.

4 물을 많이 마셔서 몸의 순환을 돕는 것은 필수. 다이어터들은 하루 2ℓ 정도의 물을 권하는데 경우에 따라서는 물 마시기가 쉽지 않은 사람도 있다. 굳이 용량을 정해 두고 마시기보다는 틈날 때마다 자주자주 물을 마시는 습관을 들이는 것이 중요하다. 물과 함께 따뜻한 약차나 허브차 등을 곁들이는 것도 방법이다.

5 스무디 레시피에 지나치게 연연할 필요는 없다. 칼로리를 더 낮추고 싶거나 채소의 맛에 길들여진 경우라면 과일을 조금 덜어내고 만들어도 괜찮다. 이 책에 소개된 그린 스무디는 대부분 초보자들도 쉽게 마실 수 있도록 과일을 적당히 넣어 맛을 살린 것들이다. 그린 스무디의 경우, 잎채소의 맛이 강해서 조금 불편하게 느껴질 수도 있기 때문. 대신 과일의 양은 줄이고, 잎채소의 분량을 늘린 스무디는 별도로 묶었다.

시작!

※ 완성된 스무디는 400~500㎖ 분량입니다.
※ 1작은술은 5cc, 1큰술은 15cc, 1컵은 200㎖입니다.

유기농·친환경·무농약…

착한 재료 고르기

스무디를 만들기 위해서 가장 먼저 해야 할 일은 책에 소개한 스무디 중에 내가 마시고 싶은 것을 골라서 메뉴를 짜는 것이다. 일주일에 한 번씩 메뉴를 짜는 정도로 규칙적인 습관을 들인 뒤 그에 맞춰 장을 보는 것이 방법. 가능하면 사흘 정도 먹을 분량씩 재료를 구입하는 것이 좋겠지만, 장볼 시간이 없다면 일주일 단위로 재료를 구입해서 물기 없이 냉장 보관하는 것도 괜찮다.

단, 이삼일 안에 마실 것들을 소분해 두는 것이 방법. 귀찮더라도 재료의 밑 손질을 끝낸 뒤 키친타월 등으로 물기를 없애고, 1회분씩의 재료를 별도의 용기에 담아 두었다가 그때그때 갈아 먹으면 편리하다. 이때 용기 바닥에 키친타월을 깔아 물기를 제거할 수 있도록 해주면 더 좋다. 가루나 액체류를 제외한 모든 재료들은 이렇게 정리해 두면 스무디 습관을 들이는 일이 한결 수월해질 것이다.

사나흘에서 일주일 단위로 장보기

1회분씩의 재료들을 소분소분!

과일 중 냉동용도 따로따로 소분!

**재료 준비**

냉장해 두었다가 털어 넣고 갈기

## 스무디용 믹서가 있으면 좋고… 없으면 요령 찾아 갈면 되고!

스무디를 마실 때 가장 중요한 것은 채소와 과일을 섬유소까지 모두 섭취하는 것. 그래서 착즙기가 아닌 블렌더, 흔히 말하는 믹서를 사용하는 것이 정석이다. 하지만 일반 믹서로는 모든 재료를, 그것도 얼음까지 섬세하게 갈아 먹는 일이 만만하지 않은 편이다.

스무디에 빠진 여자들이 블렌더 욕심을 갖게 되는 것은 당연지사! 미란다 커, 야노 시호 등이 사용한다고 알려지면서 욕망의 리스트로 등극한 '바이타믹스'는 가격 단위가 백만원대 이상이라 쉽게 구매하기 어렵다는 것이 단점. 이런 아쉬움을 보완하면서 파워풀한 성능까지 갖춘 제품이 꽤 다양하게 출시되었다.

'브라운'이나 '필립스', '켄우드' '테팔' 등 다양한 브랜드에서 실속 있는 가격에 보다 강력해진 모터의 제품으로 스무디 바람에 동참 중이고, 한국 브랜드 '한일'이나 '신일'에서도 스무디용 믹서를 출시했다. 식품 건조기로 잘 알려진 '리큅'의 RPM 블렌더도 눈길을 끈다. 얼음까지도 마치 빙수처럼 곱게 갈아주는, 이른바 파워 블렌더들이 곳곳에 포진하고 있는 상황이다.

이외에 미국의 '키친에이드'나 독일의 '비앙코', 이탈리아의 '까사부가티' 등도 스무디 마니아들 사이에 입소문 난 브랜드로 알려져 있다. 가격은 몇 만원대의 실속 제품에서 수십 만원대의 고가 제품까지 천차만별이므로 꼼꼼히 따져보고 고를 것!

이렇게 스무디용 블렌더 고르기에 관심을 갖게 되는 것은 스무디를 만들다 보면 '강력한 모터'에 대한 욕구가 커지는 까닭이다. 그렇다고 반드시 전용 블렌더를 구입해야 한다? 사실 꼭 그렇지는 않다. 일반 블렌더는 물기가 없으면 잘 갈리지 않으므로 수분이 많은 재료를 먼저 갈거나 요구르트와 두유 같은 액체류를 조금 더 추가하는 등 나름의 노하우를 발휘하면 되니까! 어쨌든 모든 블렌더를 고장 없이 잘 활용하고 싶다면 재료는 가능하면 잘게 썰고, 잘 갈리지 않는 냉동 재료는 나머지 재료를 먼저 갈아 액체화시킨 뒤 나중에 추가하는 편이 좋다.

핸드 블렌더는 액체류를 혼합하거나 부드러운 재료를 소량 갈 때는 편리하지만, 냉동 과일이나 채소를 부드럽게 가는 힘은 약한 편이다. 핸드 블렌더를 사용할 때는 맨 위쪽에 물기 많은 재료를 넣는 것이 방법이다.

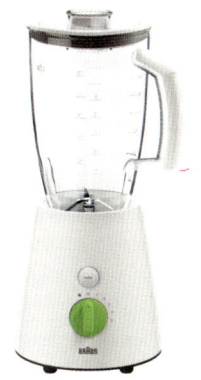

브라운 스무디자동프로그램
블렌더 JB5160BK 199,000원

브라운 핸드블렌더 MQ745
149,000원

브라운 트라이앵글저그블렌더
JB3010WH 99,000원

리큅 고성능 블렌더 LB-32HP
398,000원

필립스 아방세 메탈 믹서기
219,000원

비앙코 MB6300T_1
499,000원

갈아 보기

켄우드 멀티미니블렌더 BLP011
69,900원

테팔 클릭앤테이스트
미니 유리 믹서기 99,000원

신일유리컵믹서기 SMX-350SKH
49,500원

한일원미닛스무디블렌더
43,000원

## 담아 먹기

# 간지녀의 대세, 자(JAR)… 스무디 습관 만들어줄 파트너!

캠핑, 피크닉, 텃밭, 필라테스, 디톡스 등 자연과 조금 더 가까워지고 싶은 건강한 라이프스타일이 사람들의 주목을 받고 있다. 이런 추세에 힘입어 덩달아 사랑받기 시작한 소소한 아이템 중 하나가 바로 자(jar)이다. 쉽게 말해 유리병이다. 이전의 기능적인 테이크아웃 컵 정도에 그치는 것이 아니라, 잼이나 꿀 등을 담아 놓던 투박한 밀폐 유리병부터 젖병 소재의 텀블러까지! 친환경적이면서 내용물이 보여 더 맛있게 즐길 수 있도록 고안된 제품들이 줄줄이 등장하고 있다. 그야말로 건강 세대를 겨냥한 아이템인 셈이다.

가장 인기 있는 제품은 미국의 '볼 메이슨 자'. 이중 잠금장치 디자인으로 밀폐력을 극대화시켰다. 뚜껑의 이중 구조로 완전 밀폐가 가능해 주스를 담아 들고 다니기 편하고 보존력이 좋은 것이 장점. 이외에 '보르미올리'를 비롯한 다양한 브랜드의 주스와 스무디용 유리병이 인기를 끌고 있으며, 빨대를 꽂을 수 있게 고안된 제품도 눈에 띈다. 크기도, 디자인도 매우 다양하므로 필요에 맞게 구입해 활용할 수 있다.

# 채소 + 과일 + 물!

**1장** 아침 식사 대용으로 좋아요

# 저칼로리 그린 스무디

우리가 그린 스무디를 마셔야만 하는 이유

### 식이섬유가 풍부하다

건강하고 날씬한 몸매를 위한 첫걸음은 몸속의 독소를 빼내는 것. 식이섬유는 체내에 쌓인 노폐물의 배출 작용을 촉진시키므로 다이어트 시 꼭 챙겨야 하는 영양소 중 하나다. 즙만 짜서 마시는 주스와 달리 채소와 과일을 통째로 갈아서 만든 스무디에는 갖가지 영양소와 함께 식이섬유가 풍부하다. 따라서 다이어트의 강적이라고 할 수 있는 변비 해소에도 매우 효과적이며, 몸의 신진대사를 원활하게 해준다. 재료를 잘게 갈아서 마시기 때문에 몸에 꼭 필요한 영양소를 흡수하거나 소화시키는 데도 부담이 없다.

### 건강과 미용에 최고!

그린 스무디의 효능은 사람에 따라 다양하게 나타난다. 꾸준히 마시면 풍부한 비타민 효과로 피부가 맑아지는 건 기본. 식이섬유가 대장의 운동을 활발하게 하여 변비 해소에도 효과적이다. 칼슘과 무기질 등 각종 영양소가 풍부하고 칼로리가 낮아서 다이어트 시 군살이 사라지며, 아침에 일어날 때 몸이 가볍게 느껴지기도 한다. 특히 외식을 자주 해서 몸이 산성화되어 있는 경우, 잎채소를 꾸준히 먹으면 체내 밸런스를 일정하게 유지시켜 준다.

### 아침에 마시는 것이 좋다

아침에, 즉석에서 갈아 마시는 것이 가장 효과적이다. 하지만 아침 일찍 뭔가 먹는 것이 부담스럽다면 점심 저녁으로 나눠 마셔도 상관없다. 다이어트가 목적이라면 식사 대용으로 마실 것을 권한다. 그린 스무디를 마실 때는 소화 흡수를 위해 다른 음식과 같이 먹지 않는 것이 좋으며, 1시간 정도 지나서 배가 출출해지면 음식을 먹도록 한다.

### 적은 양이라도 매일 마신다

몸에 무리가 가지 않도록 처음에는 한 잔 정도로 시작해서 점차 익숙해지면 양을 조금씩 늘려 간다. 한 번에 많은 양을 마시는 것보다 매일 꾸준히 마시는 것이 더 중요하다. 매일 아침 소화 흡수가 잘 되도록 천천히 시간을 들여 조금씩 마신다. 그린 스무디의 효능이 나타나는 시기도 제각각이어서 마시기 시작한 날부터 바로 느끼는 사람이 있는가 하면 며칠 지나 서서히 느끼는 사람도 있다. 몸 상태에 맞춰 재료에 변화를 주거나 양을 조금씩 늘려가도록 한다.

### 가능한 한 갈아서 바로 마신다

신선한 제철 재료를 사용해 매일 갈아서 바로 마시는 것이 가장 좋다. 맛은 물론, 비타민 중에는 공기와 접촉할 경우 파괴되어 버리는 것이 있기 때문이다. 하지만 식이섬유와 일정의 영양소는 충분히 섭취할 수 있다. 하루 종일 곁에 두고 마시고자 할 때는 하루 분량을 미리 만들어서 밀폐 용기에 담아 냉장 보관한다.

# 그린 스무디를 만들기 전에 알아둘 것들

### 신선한 제철 재료를 사용한다

채소는 가능한 한 신선한 것을 사용하는 것이 중요하다. 생으로 먹기 때문에 유기농 채소라면 안심할 수 있고, 그렇지 않을 경우 깨끗이 씻어서 준비한다. 과일 역시 제철에 나는 것이 좋고, 충분히 익어서 달고 숙성된 것일수록 맛있고 효과적이다.

### 잎채소, 과일, 물, 3가지만으로 만든다

달콤한 과일 스무디나 요구르트 스무디 등을 만들 때와는 달리 잎채소, 과일, 물 3가지만을 혼합해서 만든다. 특히 날로 먹을 수 없는 단호박, 가지 등의 채소나 전분이 들어 있는 콩류 등은 과일과 함께 먹을 경우 소화가 힘들기 때문에 사용하지 않는 것이 좋다. 달콤한 과일 대신 토마토, 오이, 파프리카 등을 함께 갈아 마시면 칼로리를 줄일 수 있어서 더욱 효과적. 그린 스무디에 어느 정도 익숙해지면 과일의 양을 조금씩 줄여 간다.

### 채소 1~2종류, 과일 2~3가지를 혼합

잎채소가 몸에 좋다고 해서 처음부터 욕심내어 많이 넣으면 마시기 힘들다. 처음에는 잎채소와 과일의 양을 3 : 7, 또는 잎채소를 그보다 더 적게 넣었다가 차츰 양을 늘려 간다. 과일은 달콤한 맛을 내는 사과, 바나나 등과 키위, 자몽처럼 상큼한 맛을 내는 과일을 혼합해서 사용하는 것이 맛있다. 재료는 너무 여러 가지를 넣는 것보다 서로 맛이 잘 어우러지는 몇 가지를 정해서 잎채소를 바꿔가며 만들어 본다.

### 바쁠 때는 일주일 재료를 미리 준비한다
일주일 동안 마시고 싶은 그린 스무디 레시피를 미리 정했다면 필요한 재료를 주말에 한꺼번에 구입하는 것도 방법이다. 잎채소는 물기를 제거한 뒤 신문지나 키친클로스, 키친타월 등에 말아서 며칠간 냉장 보관하면 쉽게 무르지 않는다. 상하기 쉬운 과일은 작게 잘라 냉동 보관해도 좋다.

### 잎채소와 과일은 취향에 따라 다양하게 바꿔가며 사용할 것
그린 스무디에 사용하는 잎채소로는 시금치, 청경채, 근대, 로메인, 케일, 파슬리 등이 적당하다. 각 재료마다 영양과 효능이 다르므로 다양하게 사용하는 것이 좋다. 일주일에 한두 가지 잎채소를 정해 놓고 과일을 바꿔가며 만들면 질리지 않고 영양분도 골고루 섭취할 수 있다.

### 그린 스무디는 얼음 없이 갈아 먹는다
스무디라고 하면 얼음처럼 차가운 상태를 떠올리기 쉽다. 하지만 채소의 영양을 최대한 소화 흡수하기 위해 그린 스무디는 얼음 없이 갈아 먹는 것을 원칙으로 한다. 맛보다는 건강을 생각한 메뉴이므로 가능한 한 매뉴얼을 지키는 것이 방법. 그럼에도 불구하고 차게 먹고 싶을 때는 얼음 대신 블루베리나 딸기 등 미리 얼려 놓은 냉동 과일을 사용할 것을 권한다.

### 과일은 밑에, 잎채소는 위에 넣고 간다
### 단, 핸드 블렌더는 순서를 거꾸로!

곱게 갈아야 소화에 부담이 없고 먹기에 좋으므로 잎채소보다 과일을 먼저 넣고 간다. 오렌지, 귤, 키위 등 수분이 많거나 부드러운 과일은 작게 잘라 가장 먼저 넣고, 그 위에 과육이 단단한 사과나 배 등을 얹는다. 그다음 작게 썬 잎채소와 물을 넣는다. 단, 위에서부터 갈리는 핸드블렌더는 순서를 반대로 해서 넣고 간다. 물의 양은 레시피를 그대로 지킬 필요는 없다. 기호에 따라 가감하는데 걸쭉하고 진한 맛이 좋다면 물의 양을 줄이고, 묽게 마시길 원한다면 물의 양을 늘린다.

### 블렌더의 파워가 약할수록
### 과일과 채소는 되도록 작게 자른다

깨끗하게 씻은 과일과 채소는 일반적으로 한입 크기로 자르는 것이 정석이다. 더구나 가지고 있는 블렌더의 파워가 약한 편이라면 더 작게 잘라야 짧은 시간에 부드럽게 갈 수 있다. 그린 스무디를 만들 때는 과일의 껍질이나 속씨 등을 제거하지 않고 그대로 사용해도 좋은데, 파워가 약한 블렌더의 경우 속씨가 잘 갈리지 않을 수 있으므로 제거하는 것이 좋다. 또한 시금치 등 잎채소의 뿌리에도 영양이 많으므로 다듬은 후 깨끗이 씻어서 함께 갈아 마시도록 한다.

## 5가지 녹색 채소에 과일을 더해 만든 그린 레시피

# 시금치

'채소의 왕'이라고 불리는 시금치에는 비타민 C가 매우 풍부하며 비타민 $A \cdot B_1 \cdot B_2$, 엽산, 나이아신, 사포닌 외에 식이섬유, 칼슘, 철분, 칼륨 등 다양한 영양소가 골고루 들어 있다. 특히 빈혈과 소화 불량, 심장과 신장 장애 등에 효과가 있으며, 위와 장의 활동을 활발하게 하여 위장 장애나 변비, 냉증 등을 해소해 준다.

시금치 뿌리에는 조혈 성분인 구리와 망간 등의 영양소가 풍부하므로 뿌리까지 다듬어 깨끗이 씻은 후 함께 갈아 마시는 것이 좋다. 단, 시금치에는 수산이 함유되어 있어서 오랜 기간 동안 너무 많은 양을 먹으면 신장이나 방광에 결석이 생길 수 있다. 평소 먹는 양으로는 문제가 되지 않지만, 요로나 신장 결석이 있는 사람이라면 먹는 횟수를 줄이는 것이 바람직하다.

**재료 |**

시금치 2뿌리
오렌지 · 바나나(작은 것) 1개씩
물 3/4컵

+ 오렌지바나나스무디  **141kcal**

1 시금치는 깨끗이 다듬어 씻어서 뿌리 부분까지 작게 썬다.
2 오렌지는 양끝을 자른 후 겉껍질을 칼로 저미듯이 잘라내고 한입 크기로 썬다.
3 바나나는 껍질을 벗기고 한입 크기로 썬다.
4 오렌지, 바나나, 시금치, 물 순서대로 블렌더에 담아서 곱게 간다. 단, 위에서부터 갈게 되는 핸드 블렌더는 순서를 뒤집어서 넣는 것이 방법이다. 맨 위쪽에 오렌지가 담기도록 넣는 것. 물의 양은 기호에 따라 가감한다.

## +수박레몬스무디

**140kcal**

**재료 |**
시금치 2뿌리
수박(작은 것) 1/8개
레몬 1/4개
물 적당량

1 시금치는 깨끗이 다듬어 씻어서 뿌리 부분까지 작게 썬다.
2 수박은 속살만 발라내어 한입 크기로 썬다. 씨는 함께 갈아 마셔도 괜찮은데, 파워가 약한 블렌더의 경우 잘 갈리지 않을 수 있으므로 번거롭더라도 씨를 제거한다.
3 레몬은 겉껍질을 저미듯이 잘라내고 속씨를 제거한다.
4 수박, 레몬, 시금치 순으로 블렌더에 담고 그대로 갈거나 잘 갈리지 않을 경우 블렌더가 작동할 정도로만 물을 더해 곱게 간다.

## 219kcal
### + 배 청포도 레몬 스무디

**재료 |**
시금치 2뿌리
배(작은 것) 1/2개
청포도 1⅔컵
레몬 1/4개
물 적당량

1 시금치는 깨끗이 다듬어 씻어서 뿌리 부분까지 작게 썬다.
2 배는 껍질을 벗기고 한입 크기로 썬다.
3 청포도는 밀가루를 전체적으로 뿌려 10분쯤 두었다가 흐르는 물에 씻는다. 씨가 있는 경우 함께 갈아 마셔도 괜찮은데, 파워가 약한 블렌더의 경우 잘 갈리지 않을 수 있으므로 번거롭더라도 씨를 제거한다.
4 레몬은 겉껍질을 저미듯이 잘라내고 속씨를 제거한다.
5 청포도, 배, 레몬 순으로 블렌더에 담고 시금치를 위에 얹은 후 그대로 갈거나 잘 갈리지 않을 경우 블렌더가 작동할 정도로만 물을 더해 곱게 간다.

# 케일

녹즙이나 쌈 요리, 샐러드 등에 자주 쓰이는 채소. 녹황색 채소 중 베타카로틴 함량이 가장 높다. 엽록소, 칼슘, 인, 철분, 식이섬유, 비타민 $A \cdot B_1 \cdot B_2 \cdot C \cdot E \cdot K$ 등이 다량 함유되어 있다. 특히 비타민 A와 루테인, 제아크산틴 성분이 풍부해서 눈의 채소라고 불릴 만큼 눈 건강에 효과적이며, 니코틴, 방사선, 중금속 등 유해 물질을 해독하는 역할을 한다. 이외에도 피를 만들어 주는 조혈 작용을 하여 빈혈에 효과적이며, 장을 청소하고 신진대사를 촉진하며 세포 생성에 도움을 준다.

## 바나나 파인애플 + 셀러리 스무디

**83kcal**

**재료 |**
케일 5장
바나나(작은 것) 1개
파인애플 1컵
셀러리 2/3대
물 1컵

1 케일은 깨끗이 씻어서 작게 썬다.
2 바나나는 껍질을 벗기고 한입 크기로 썬다.
3 파인애플은 한입 크기로 썬다.
4 셀러리는 깨끗이 씻어서 갈기 쉽도록 작게 썬다.
5 파인애플, 바나나, 셀러리, 케일 순으로 블렌더에 담고 분량의 물을 부어 곱게 간다.
 물의 양은 기호에 따라 가감한다.

+ 귤사과스무디

148kcal

**재료 |**
케일 5장
귤 2개
사과 1/2개
물 1/2컵

1 케일은 깨끗이 씻어서 한입 크기로 썬다.
2 귤은 겉껍질을 벗기고 작게 나눈다.
3 사과는 소금으로 문질러 씻거나 식초 혹은 베이킹소다를 넣은 물에 담가 두었다가 헹군 뒤 껍질째 한입 크기로 썬다.
4 귤, 사과, 케일 순으로 블렌더에 담고 물을 부어 곱게 간다. 물의 양은 기호에 따라 가감한다.

+ 딸기바나나스무디
**82kcal**

**재료 |**
케일 5장
딸기 8개
바나나(작은 것) 1개
물 1컵

1 케일은 깨끗이 씻어서 작게 썬다.
2 딸기는 체에 담아 흐르는 물에 여러 번 씻은 후 꼭지를 뗀다. 큰 것은 반으로 자른다.
3 바나나는 껍질을 벗기고 한입 크기로 썬다.
4 딸기, 바나나, 케일 순으로 블렌더에 담고 물을 부어 곱게 간다. 물의 양은 기호에 따라 가감한다.

# 청경채

떫거나 쓴맛이 거의 없어서 살짝 볶거나 날로 먹기 좋은 채소. 과일과 함께 갈면 과일 특유의 맛과 향을 섬세하게 살려준다. 비타민 A와 C, 칼슘, 칼륨을 비롯해 면역 기능을 높여 주는 베타카로틴이 풍부해서 대표적인 항암 채소 중 하나로 꼽힌다. 또한 멜라닌 생성을 억제해서 미백 효과가 뛰어나며, 항산화 작용으로 노화를 방지하고 피부 미용에 도움을 준다. 갈아서 마실 경우 위의 기능을 활발하게 하고, 식이섬유가 풍부해서 변비 해소에도 좋다.

## + 귤키위바나나스무디

**166kcal**

**재료 |**
청경채 2포기
귤 2개
키위 1/2개
바나나(작은 것) 1개
물 3/4컵

1. 청경채는 깨끗이 씻어서 한입 크기로 썬다.
2. 귤은 겉껍질을 벗기고 작게 나눈다.
3. 키위는 껍질을 벗기고 작게 썬다.
4. 바나나는 껍질을 벗기고 한입 크기로 썬다.
5. 귤, 키위, 바나나, 청경채 순으로 블렌더에 담고 물을 부어 곱게 간다. 물의 양은 기호에 따라 가감한다.

+ 자몽파인애플바나나 스무디

**재료 |**        **119kcal**

청경채 2포기
자몽 1/2개
파인애플 1컵
바나나(작은 것) 1개
물 1/2컵

1 청경채는 깨끗이 씻어서 한입 크기로 썬다.
2 자몽은 양끝을 자른 후 길게 칼집을 넣어서 겉껍질을 벗기고 한입 크기로 썬다.
3 파인애플은 한입 크기로 썬다.
4 바나나는 껍질을 벗기고 작게 썬다.
5 자몽, 파인애플, 바나나, 청경채 순으로 블렌더에 담고 물을 부어 곱게 간다. 물의 양은 기호에 따라 가감한다.

**재료 |**
청경채 2포기
오렌지 · 망고 1개씩
물 1/2컵

1 청경채는 깨끗이 씻어서 한입 크기로 썬다.
2 오렌지는 양끝을 자른 후 겉껍질을 저미듯이 잘라내고 한입 크기로 썬다.
3 망고는 가운데 속씨를 중심으로 양옆을 길게 자른 후 숟가락으로 속살을 떠내거나 칼집을 내어 속살을 작게 자른다. 속씨에 붙어 있는 속살도 잘 발라낸다.
4 오렌지, 망고, 청경채 순으로 블렌더에 담고 물을 부어 곱게 간다. 물의 양은 기호에 따라 가감한다.

+ 오렌지망고스무디 <u>188kcal</u>

# 로메인

로메인은 로마인들이 즐겨 먹었다고 하여 붙여진 이름이다. 상추의 한 종류지만, 특유의 향이 없는 데다 아삭거리고 감칠맛이 나서 아이들도 거부감 없이 좋아한다. 쌈이나 샐러드 등 생으로 먹기에도 그만이다. 지방 함량은 제로! 대신 칼륨, 칼슘, 인, 마그네슘, 철분 등 미네랄이 풍부하다. 특히 카로틴, 비타민 A와 C, 엽산 등이 피부를 맑고 촉촉하게 해주며, 잇몸을 튼튼하게 하여 잇몸 출혈을 막아 주는 착한 채소다. 이외에 모유 수유를 하는 산모에게는 모유의 분비량을 증가시켜 주는 역할을 하기도 한다.

### + 키위바나나스무디　　**104kcal**

**재료 |**
로메인 6장
키위 · 바나나(작은 것) 1개씩
물 1컵

1 로메인은 깨끗이 씻어서 작게 썬다.
2 키위는 껍질을 벗기고 한입 크기로 썬다.
3 바나나는 껍질을 벗기고 한입 크기로 썬다.
4 키위, 바나나, 로메인 순으로 블렌더에 담고 물을 부어 곱게 간다.
　물의 양은 기호에 따라 가감한다.

**재료 |**

로메인 6장
사과 1개
아보카도·레몬 1/4개씩
물 1컵

**195kcal**

## 사과아보카도레몬스무디

1 로메인은 깨끗이 씻어서 작게 썬다.
2 사과는 소금으로 문질러 씻거나 식초 혹은 베이킹소다를 넣은 물에 담가 두었다가 헹군 뒤 껍질째 한입 크기로 썬다.
3 잘 익은 아보카도는 길게 빙 둘러가며 칼집을 넣은 후 비틀어서 반으로 자르고 숟가락을 이용해 속살을 파낸다.
4 레몬은 겉껍질을 저미듯이 잘라내고 속씨를 제거한다.
5 아보카도, 사과, 레몬, 로메인 순으로 블렌더에 담고 물을 부어 곱게 간다. 물의 양은 기호에 따라 가감한다.

## + 배셀러리레몬스무디

**재료 |**
로메인 6장
배(작은 것) 1개
셀러리 2/3대
레몬 1/4개
물 1/2컵

**210kcal**

1 로메인은 깨끗이 씻어서 작게 썬다.
2 배는 껍질을 벗기고 한입 크기로 썬다.
3 셀러리는 깨끗이 씻어서 작게 썬다.
4 레몬은 겉껍질을 저미듯이 잘라내고 속씨를 제거한다.
5 배, 셀러리, 레몬, 로메인 순으로 블렌더에 담고 물을 부어 곱게 간다. 물의 양은 기호에 따라 가감한다.

# 근대

근대는 된장국의 재료로 한식 밥상에 자주 오르지만 스무디에도 잘 어울리는 훌륭한 채소다. 떫은맛이 적고 향이 강하지 않아서 과일과 함께 갈아 먹으면 고소하고 맛있다. 무기질과 비타민 A, 카로틴, 칼슘, 철분 등이 풍부하고, 칼로리가 낮고 소화 기능을 원활하게 하여 다이어트에 매우 효과적이다.

특히 비타민 A가 눈을 보호해 주고, 각종 눈 질환 예방에 도움을 준다. 라이신, 로이신, 페닐알라닌 등 필수 아미노산이 듬뿍 함유되어 아이들의 성장 발육을 촉진하고, 플라보노이드 성분은 체내 독소로부터 세포를 보호하고 면역력을 높여준다. 단, 근대는 차가운 성질을 지니고 있어서 아랫배가 차거나 설사를 자주 하는 사람은 한 번에 너무 많이 먹지 않도록 한다.

+ 망고파프리카레몬스무디

**재료 |**
근대 4장
망고 1개
노란 파프리카 2/3개
레몬 1/4개
물 3/4컵

**129kcal**

1 근대는 깨끗이 씻어서 작게 썬다.
2 망고는 가운데 속씨를 중심으로 양옆을 길게 자른 후
 숟가락으로 속살을 떠내거나 칼집을 내어 속살을 작게
 자른다. 속씨에 붙어 있는 속살도 잘 발라낸다.
3 파프리카는 꼭지를 떼고 속씨를 제거한 후 작게 썬다.
4 레몬은 겉껍질을 저미듯이 잘라내고 속씨를 제거한다.
5 망고, 파프리카, 레몬, 근대 순으로 블렌더에 담고 물을
 부어 곱게 간다. 물의 양은 기호에 따라 가감한다.

## + 청포도키위스무디

**재료 |**
근대 4장
청포도 1⅔컵
키위 1개
물 3/4컵

1 근대는 깨끗이 씻어서 작게 썬다.
2 청포도는 밀가루를 전체적으로 뿌려 10분쯤 두었다가 흐르는 물에 헹군다. 씨가 있는 경우 함께 갈아 마셔도 괜찮은데, 파워가 약한 블렌더의 경우 잘 갈리지 않을 수 있으므로 번거롭더라도 씨를 제거한다.
3 키위는 껍질을 벗기고 한입 크기로 썬다.
4 청포도와 키위를 블렌더에 담고 근대를 위에 얹은 후 물을 부어 곱게 간다. 물의 양은 기호에 따라 가감한다.

**144kcal**

## + 바나나사과오렌지스무디

**재료|**
근대 4장
바나나(작은 것) 1개
사과 1/3개
오렌지 1개
물 3/4컵

1 근대는 깨끗이 씻어서 작게 썬다.
2 바나나는 껍질을 벗기고 한입 크기로 썬다.
3 사과는 소금으로 문질러 씻거나 식초 혹은 베이킹소다를 넣은 물에 담가 두었다가 헹군 뒤 껍질째 한입 크기로 썬다.
4 오렌지는 양끝을 자른 후 겉껍질을 저미듯이 잘라내고 한입 크기로 썬다.
5 오렌지, 바나나, 사과, 근대 순으로 블렌더에 담고 물을 부어 곱게 간다. 물의 양은 기호에 따라 가감한다.

**197kcal**

입에 쓴 약이 몸에는 좋은 법이니까!

추가!

# 고수들을 위한 그린 스무디 레시피 12

푸른 잎채소 분량은 늘리고!

다이어트를 시작한 그 순간에는 사실, 눈에 보이는 것이 없다. 그것이 돌이라도, 혹은 강철이라고 해도 살이 빠지기만 한다면 다 먹을 수 있을 것만 같은 기분이 드니까. 하지만 막상 입에서부터 거부하는 음식을 계속 먹어야 한다는 건 고역이다. 결국 포기하고 마는 이유가 되기 십상이다.

스무디 역시 다르지 않다. 처음부터 무리하게 채소만 고집하겠다는 식의 과한 욕심을 부리기보다 맛있는 음식을 먹겠다는 생각으로 도전하는 것이 좋다. 사고의 유연성을 갖게 되면 스무디 습관을 들이는 일이 한결 쉬워질 테니까.

앞장에서 소개한 그린 스무디가 처음 마시는 사람들도 비교적 술술 넘길 수 있도록 맛을 고려한 레시피였다면 여기 소개하는 12가지 스무디는 과일의 분량은 줄이고, 채소의 양은 조금 더 늘린 것들이다. 쑥갓이나 어린잎 채소, 양상추, 파슬리 등 새로운 재료들도 추가했다. 이들 역시 한두 번 만들어 먹어 보면서 입맛에 맞게 재료를 가감해도 괜찮다.

## 과일 분량은 되도록 줄이고!

### 로메인셀러리오렌지레몬스무디
**97kcal**

**재료 |** 로메인 8장, 셀러리 1대, 오렌지 1개, 레몬 1/4개, 물 1/4컵

1 로메인과 셀러리는 작게 썬다.
2 오렌지는 겉껍질을 저미듯이 잘라내고 한입 크기로 썬다.
3 레몬은 겉껍질을 저미듯이 잘라내고 속씨를 제거한다.
4 블렌더에 오렌지와 레몬을 담고 셀러리와 로메인을 얹어서 물을 부어 곱게 간다.

### 로메인딸기파프리카레몬스무디
**68kcal**

**재료 |** 로메인 10장, 딸기 10개, 빨강 파프리카 1/2개, 레몬 1/4개, 물 1/2컵

1 로메인은 작게 썰고, 딸기도 씻어서 반으로 썬다.
2 파프리카는 속씨를 제거한 후 작게 썰고, 레몬은 겉껍질을 저미듯이 잘라내고 속씨를 제거한다.
3 블렌더에 딸기, 파프리카를 넣고 레몬과 로메인을 얹은 후 물을 부어 곱게 간다.

### 청경채바나나토마토레몬스무디
**114kcal**

**재료 |** 청경채 4포기, 바나나(작은 것)·토마토 1개씩, 레몬 1/4개, 물 1/2컵

1 청경채는 작게 썰고, 바나나는 껍질을 벗기고 한입 크기로 썬다.
2 토마토는 꼭지를 떼고 작게 썬다.
3 레몬은 겉껍질을 저미듯이 잘라내고 속씨를 제거한다.
4 블렌더에 토마토와 바나나, 레몬을 넣은 후 청경채를 얹고 물을 부어 곱게 간다.

## 파슬리청경채바나나파인애플 스무디  **108kcal**

**재료** | 파슬리 1컵, 청경채 2포기, 바나나(작은 것) 1개, 파인애플 1/2컵, 물 3/4컵

1 파슬리와 청경채는 작게 썬다.
2 바나나는 껍질을 벗기고 한입 크기로 썰고, 파인애플도 작게 썬다.
3 블렌더에 바나나와 파인애플을 담고 청경채와 파슬리를 얹은 후 물을 부어 곱게 간다.

## 파슬리어린잎오렌지블루베리 스무디  **144kcal**

**재료** | 파슬리 1컵, 어린잎 채소 40g, 오렌지 1개, 블루베리(혹은 냉동 블루베리)·물 1/2컵씩

1 파슬리는 작게 썰고, 어린잎 채소는 깨끗이 씻어서 물기를 뺀다.
2 오렌지는 겉껍질을 저미듯이 잘라내고 한입 크기로 썰고, 블루베리는 깨끗이 씻는다.
3 블렌더에 오렌지를 담고 블루베리, 파슬리와 어린잎 채소를 얹어서 물을 부어 곱게 간다.

## 어린잎셀러리귤배스무디  **138kcal**

**재료** | 어린잎 채소 40g, 셀러리 1대, 귤 2개, 배 1/4개, 물 1/4컵

1 어린잎 채소는 깨끗이 씻어서 물기를 빼고, 셀러리는 작게 송송 썬다.
2 귤은 껍질을 벗기고 작게 나누고, 배도 껍질을 벗기고 작게 썬다.
3 블렌더에 귤, 배, 셀러리, 어린잎 채소 순으로 담고 물을 부어 곱게 간다.

## 근대키위바나나오이스무디
**135kcal**

**재료 |** 근대 6장, 키위 2개, 바나나(작은 것)·오이 1/2개씩, 물 1/2컵

1 근대는 작게 썰고, 키위는 껍질을 벗기고 한입 크기로 썬다.
2 바나나는 껍질을 벗기고 한입 크기로 썰고, 오이도 작게 썬다.
3 블렌더에 키위와 바나나를 담고 오이, 근대 순으로 얹은 후 물을 부어 곱게 간다.

## 양상추미나리바나나사과 스무디
**82kcal**

**재료 |** 양상추 2장, 미나리 1컵, 바나나(작은 것) 1/2개, 사과·레몬 1/4개씩, 물 3/4컵

1 양상추와 미나리는 작게 썰고, 바나나는 껍질을 벗기고 한입 크기로 썬다.
2 사과는 껍질째 작게 썰고, 레몬은 겉껍질을 저미듯이 잘라내고 속씨를 제거한다.
3 블렌더에 바나나와 사과, 레몬을 담고 양상추와 미나리를 얹은 후 물을 부어 곱게 간다.

## 시금치케일자몽토마토 스무디
**110kcal**

**재료 |** 시금치 3뿌리, 케일 5장, 자몽·토마토 1개씩, 물 1/3컵

1 시금치는 뿌리째 작게 썰고, 케일도 작게 썬다.
2 자몽은 껍질을 벗기고 속씨를 제거한 후 한입 크기로 썬다.
3 토마토는 깨끗하게 씻어서 꼭지를 떼고 작게 썬다.
4 블렌더에 자몽과 토마토를 담은 후 시금치와 케일을 얹어서 물을 부어 곱게 간다.

## 시금치쑥갓딸기파인애플 스무디
**79kcal**

**재료 |** 시금치 3뿌리, 쑥갓 1컵, 딸기 8개, 파인애플 1컵, 물 1/2컵

1 시금치는 뿌리째 작게 썰고, 쑥갓도 작게 썬다.
2 딸기는 반으로 썰고, 파인애플도 작게 썬다.
3 블렌더에 딸기와 파인애플을 담고 쑥갓과 시금치를 얹은 후 물을 부어 곱게 간다.

## 시금치아보카도오렌지 파프리카스무디
**170kcal**

**재료 |** 시금치 4뿌리, 아보카도 1/4개, 오렌지 1개, 노랑 파프리카 1/2개, 물 1/2컵

1 시금치는 뿌리째 작게 썰고, 아보카도는 껍질을 벗기고 작게 썬다.
2 오렌지는 겉껍질을 저미듯이 잘라내고 한입 크기로 썰고, 파프리카는 속씨를 제거한 후 작게 썬다.
3 블렌더에 오렌지, 파프리카, 아보카도, 시금치 순으로 담고 물을 부어 곱게 간다.

## 시금치사과귤키위스무디
**144kcal**

**재료 |** 시금치 4뿌리, 사과 1/4개, 귤·키위 1개씩, 물 1/2컵

1 시금치는 깨끗이 씻어서 뿌리째 작게 썰고, 사과도 껍질째 작게 썬다.
2 귤은 껍질을 벗긴 후 작게 나누고, 키위는 껍질을 벗기고 작게 썬다.
3 블렌더에 귤과 키위를 담고, 사과, 시금치 순으로 얹은 후 물을 부어 곱게 간다.

맛은 역시 과일 스무디가 짱!

그런데 살찌지 않을까?

식사 대용이니까 괜찮아

그렇다면 이제는 과일 스무디!

피부 생각하면 마셔야 할걸!

## 비타민 + 식이섬유 + 미네랄

**2장** 점심 식사 대용으로 좋아요

# 스위트 과일 스무디

### 숙성된 과일을 사용해야 맛있다

과일은 잘 익은 것을 고르거나 구입 후 며칠 지나 숙성된 것을 사용해야 달콤하고 맛있는 스무디를 만들 수 있다. 망고나 딸기, 블루베리 등 가격이 비싸거나 철이 지나면 쉽게 구할 수 없는 것들은 냉동시켰다가 사용하는 것도 좋다. 요즘은 냉동 과일을 비교적 쉽게 구할 수 있지만, 스무디를 즐겨 마신다면 제철에 과일을 씻어 냉동해 두는 것이 맛도 훨씬 좋고 경제적이다.

### 식초, 소금, 베이킹소다…과일과 채소 안전하게 씻기

과일이나 채소는 무농약이나 유기농 제품이 아니더라도 구입 후 깨끗이 씻어서 갈면 된다. 이때 소금이나 식초, 밀가루, 베이킹소다 등을 적절히 사용하면 좋다.

먼저 흐르는 물에 씻어서 표면에 묻은 농약과 불순물 등을 제거하고, 사과나 오이 등 껍질째 먹는 채소는 소금 1/2작은술 정도를 손에 덜어 문질러 씻는다. 포도는 밀가루를 전체적으로 뿌려 10분쯤 두었다가 흐르는 물에 헹구면 표면에 있는 농약과 불순물들이 깨끗이 제거된다. 딸기는 체에 담아 흐르는 물에 여러 번 씻은 후 꼭지를 뗀다.

# 과일 스무디에 대한 몇 가지 공부

### 씻어서 한입 크기로 잘라 냉동시키면 편하다

스무디용 과일은 가격이 저렴할 때 넉넉히 사서 얼려 두었다가 사용하면 좋다. 냉동 과일은 따로 얼음을 넣고 갈지 않아도 차갑게 마실 수 있어서 일석이조. 단, 얼면 단단해져서 잘 갈리지 않을 수 있으므로 깨끗이 씻은 후 물기를 제거하고 한입 크기로 작게 썰어서 보관한다. 이때 종류별로 지퍼백에 넣어 냉동시키면 편리하다. 사과나 아보카도 등은 레몬즙을 뿌려 보관하면 색깔이 변하지 않으며, 냉동 과일은 되도록 한 달 내에 먹도록 한다.

### 저녁 식사 대용으로는 마시지 않는다

과일 스무디는 그린 스무디에 비해 열량이 높은 편이고, 두유나 요구르트 스무디에 비해 쉽게 허기질 수 있다. 그러므로 다이어트를 위해 식사 대용으로 스무디를 마시는 사람의 경우, 저녁에는 과일 스무디를 피하는 것이 좋다. 맛도 좋고, 비타민과 식이섬유가 풍부한 과일 스무디는 활동이 많은 낮 시간, 점심 식사 대용으로 마실 것을 추천한다. 출출해지면 삶은 달걀이나 약간의 견과류 등을 간식으로 먹어도 좋다.

### 파인애플

맛과 영양을 모두 갖춘 팔방미인 과일. 식이섬유가 풍부하고 단맛이 강하면서도 칼로리가 다른 과일에 비해 높지 않아 다이어트에 효과적이다. 신진대사를 원활하게 하는 비타민 B, 등 갖가지 비타민이 풍부해서 피로 회복에 좋고, 단백질 분해 효소인 브로멜린이 소화 작용을 돕는다.

### 수박

달콤하고 칼로리 부담이 없는 대표적인 여름 과일. 이뇨 작용과 함께 부종 예방에 효과적이며, 피부를 손상시키는 활성 산소와 체내에 쌓인 암모니아 등 독성 물질을 제거하는 데 도움을 준다. 또한 리코펜 성분이 항산화 작용 및 면역력을 증가시킨다. 과육은 물론 씨에도 노폐물 제거와 혈압을 낮추는 성분이 풍부하므로 가능하면 씨와 함께 갈아서 마시는 것이 좋다.

### 골드 키위

그린 키위보다 조금 더 달콤한 골드 키위. 노란색을 띠는 과일에는 항산화 성분인 베타카로틴이 풍부해서 암과 심장 질환 예방 등에 효과가 있다. 비타민 C와 E, 엽산, 칼륨, 칼슘, 인 등 무기질이 풍부하고, 성장 호르몬 분비를 촉진시키는 글루탐산과 아르지닌을 포함한 다양한 아미노산이 함유되어 있다.

## 책 속 레시피에 담긴 과일과 채소의 효능

    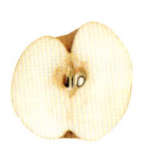

### 적포도

적포도의 유기산은 피로 회복에 도움을 주고, 풍부한 철분 성분이 빈혈을 예방해 준다. 붉은 폴리페놀이라고 불리는 안토시아닌이 탁월한 안티에이징 효과를 발휘한다. 콜라겐의 주성분인 프롤린이 풍부해서 천연 보습제 역할을 하기도 한다. 베타카로틴을 비롯하여 비타민 C와 E, 플라보노이드 등 노화를 방지하는 항산화 물질이 풍부한데, 특히 껍질과 씨에 듬뿍 들어 있다.

### 청포도

새콤달콤 입맛을 돋워주는 청포도. 구연산과 유기산이 풍부해서 피로 회복에 효과적이다. 특히 적포도의 20배에 달하는 칼륨과 철분은 고혈압과 골다공증 등 성인병을 예방하고, 빈혈 증세를 개선시켜 준다. 이외에도 신진대사를 원활하게 하고, 식이섬유가 풍부해서 변비 해소에 도움을 준다.

### 배

달콤하고 수분이 많은 배는 기관지가 나쁘거나 감기에 잘 걸리는 사람에게 좋다. 루테올린이라는 성분이 기관지염, 기침, 가래를 없애는 데 효과적. 특히 풍부한 펙틴 성분은 혈중 콜레스테롤을 낮추고 숙변을 제거해 주는 역할을 한다. 고혈압을 유발하는 나트륨 배출을 촉진하고, 혈압 강하 작용을 하는 칼륨도 풍부하다.

### 사과

아침에 한 알 먹으면 보약이라는 사과. 항산화 작용을 하는 폴리페놀 성분이 안티에이징은 물론 뛰어난 미백 효과를 발휘한다. 특히 껍질에 풍부한 플라보노이드 성분은 혈관에 찌꺼기가 쌓이지 않도록 돕는다. 이외에도 비타민 A와 식이섬유가 풍부하고 혈액 순환 촉진, 피부 미용, 변비 해소에 효과적이다.

### 바나나

지방, 나트륨, 콜레스테롤이 전혀 없으며, 비타민과 식이섬유를 다량 함유하고 있다. 특히 피부염 예방 비타민이라고 불리는 비타민 $B_6$와 항산화 작용을 하는 비타민 A가 풍부해서 피부와 점막을 튼튼하게 하고, 거친 피부 및 여드름 등의 트러블 예방에 효과적이다.

### 귤

겨울철 비타민을 보충할 수 있는 대표적인 과일. 칼로리가 낮아서 다이어트 식품으로도 인기가 높다. 귤의 비타민 C는 신진대사를 원활하게 하고, 점막을 튼튼하게 해주며 맑고 윤택한 피부를 유지시켜 준다. 피로 회복과 감기 예방에도 효과적. 귤의 흰 줄 부분에는 특히 펙틴과 식이섬유가 풍부해서 장운동을 활성화시켜 변비 해소에 도움을 준다.

### 딸기

주스나 스무디 재료로 사랑받는 과일 중 하나. 풍부한 비타민 C가 피로 회복과 체력 증진, 감기 예방에 효과적이며 면역력을 키워 준다. 섬유질과 펙틴이 많아서 변비, 고혈압을 방지하며 피부 트러블을 진정시키는 작용을 한다. 안토시아닌 성분이 암을 예방하고 시력 회복에 도움을 준다.

### 망고

달콤한 망고는 피부의 콜라겐 생성과 모발의 수분 유지에 효과를 발휘한다. 피부를 촉촉하게 해주며 여드름을 완화시키는 역할을 한다. 비타민 C와 E가 풍부해서 피부 세포를 활성화시키고, 피부 미백, 탄력 증가, 노화 방지에 도움을 준다. 특히 눈 건강에 좋은 비타민 A가 풍부하며, 수분이 많아 포만감이 크기 때문에 식전에 섭취할 경우 식사량 조절을 쉽게 할 수 있다.

### 오렌지

비타민 C는 물론 카로틴이 풍부해서 감기를 예방하며, 종합적인 피부 미용 효과를 기대할 수 있다. 훌륭한 항산화 작용을 하는 안토시아닌 성분이 피부 세포를 탱탱하게 유지시켜 주며, 감귤류 중에서도 펙틴과 유기산이 많아서 변비 개선에 도움을 준다. 또한 콜레스테롤 분해를 촉진하여 혈액을 맑게 해준다.

### 블루베리

세계 10대 슈퍼 푸드 중 하나. 다량의 안토시아닌 성분이 눈 건강에 매우 효과적이며, 사과보다 3배나 많은 항산화 성분을 함유하고 있어 대표적인 노화 방지 식품으로 꼽힌다. 식이섬유가 풍부하여 변비 해소에 좋고, 미네랄과 비타민이 피부를 맑고 촉촉하게 유지시켜 준다.

### 자몽
열량이 낮고 식이섬유가 풍부해서 다이어트에 좋다. 자몽의 쌉싸래한 맛은 몸속의 불필요한 지방을 연소시켜 주며, 반쪽만 먹어도 하루 필요한 비타민 C를 보충할 수 있다. 또 새콤한 맛을 내는 구연산이 세포의 신진대사를 촉진시켜 안티에이징 효과를 발휘하며 감기 예방, 피로 회복, 숙취 해소에도 효과적이다.

### 키위
열량이 낮고 비타민 함유량이 높아 다이어트 스무디의 단골 재료. 특히 비타민 C는 오렌지의 2배나 되며 멜라닌 생성을 억제하고, 주근깨를 예방하며, 콜라겐 형성에 도움을 준다. 또 비타민 E는 사과의 6배, 식이섬유는 바나나의 5배 정도로 풍부하다.

### 레몬
콜라겐 형성을 돕는 비타민 C가 풍부해서 피부 미용에 높은 효과를 발휘하고, 감기를 예방한다. 새콤한 맛을 내는 구연산은 몸속에 쌓인 노폐물을 제거하고 피로 회복을 돕는다. 이외에도 살균 및 해독, 이뇨 작용을 촉진해 다이어트에 효과적이다.

### 셀러리
독특한 향 때문에 호불호가 갈리는 채소지만 열량이 낮고, 항산화 성분인 베타카로틴이 풍부하다. 눈 건강에 필요한 비타민 A 및 비타민 $B_1$과 $B_2$, 칼슘 함유량이 높고, 피를 맑게 하고, 혈액 순환을 촉진한다. 특히 지성 피부를 컨트롤하고, 탈모가 신경 쓰이는 사람에게 좋다.

### 토마토, 미니토마토
세계 10대 슈퍼 푸드 중 하나. 베타카로틴이 풍부해서 자외선으로부터 피부를 보호하며, 손상된 피부와 주름 개선에 효과적이다. 비타민 K가 칼슘의 흡수를 도와 뼈를 튼튼하게 해주며, 리코펜 성분이 각종 성인병 예방 및 치료에 도움을 준다. 풍부한 칼륨은 인체에 쌓여 있는 나트륨 배출을 촉진시켜 신장 기능을 활발하게 해준다.

### 당근
풍부한 베타카로틴 성분이 몸속에서 비타민 A로 변해 눈 점막을 튼튼하게 해준다. 특히 안구 건조증, 야맹증 완화에 효과적이다. 비타민 A는 피부의 잡티, 여드름, 주름 개선 효과가 높고, 손상된 피부를 재생시키며 보습력을 높여주는 역할을 한다.

### 파프리카
비타민 A와 C가 풍부하여 피부 미용에 탁월한 효과를 발휘한다. 멜라닌 생성을 억제하여 피부를 희고 깨끗하게 만들어주며, 탄력 증가에도 도움을 준다. 이외에 빈혈이나 어지럼증을 예방하고, 열량이 낮아 다이어트 필수 식품으로 꼽힌다.

### 브로콜리
다이어트 시 꼭 챙겨 먹어야 하는 채소. 저지방, 저칼로리이면서 철분을 다량 함유하고 있다. 어지럼증과 빈혈 예방에 도움을 주고, 풍부한 비타민 A가 면역력을 높여준다. 비타민 C는 레몬의 2배, 감자의 7배나 되며, 양배추보다 더 많은 비타민 U가 위암과 위궤양을 예방해 준다.

### 아보카도
먹는 미용액이라고 불리는 아보카도. 안티에이징 성분으로 널리 알려진 코엔자임 Q10이 가득하다. 당분 함량이 낮고, 비타민과 필수 지방산이 풍부해서 피부 건강에 매우 효과적. 또 풍부한 칼륨 성분이 체내에 쌓여 있는 나트륨 배출을 돕는다.

### 생강
혈액 순환 촉진 및 피부색을 밝게 하고, 기관지를 튼튼하게 하여 기침, 감기 예방에 효과적이다. 칼로리가 낮은 데다 기초 대사량을 증가시켜 다이어트 식품으로도 인기가 높다. 디아스타아제와 단백질 분해 효소가 소화액의 분비를 촉진하고 장운동을 활발하게 하며, 구역질과 설사를 완화시키는 역할도 한다. 생강의 매운 성분인 진저롤과 쇼가올에는 강한 살균 작용이 있다.

### 양배추
저칼로리 채소로 대표적인 다이어트 식품 중 하나. 풍부한 식이섬유가 변비를 해소하고, 비타민 U는 위 점막을 튼튼하게 하여 위염이나 위궤양 치료에 도움을 준다. 비타민 C와 K, 칼슘이 풍부해서 피부 노화를 억제하며 골다공증에 효과적이다.

### 오이
95%가 수분으로, 무기 염류와 칼륨이 다량 함유되어 있다. 특히 칼로리가 100g에 9kcal 정도로 매우 낮기 때문에 다이어트 시 빼놓을 수 없는 채소. 식이섬유가 풍부해서 변비 해소에 도움을 주며, 아스코르빈산이라는 성분이 체내에 흡수된 알코올을 배출시켜 숙취 해소에도 효과적이다. 이외에도 풍부한 칼륨 성분이 나트륨과 몸속 노폐물 배출을 돕는다.

## 과일 스무디를 만들기 전에 체크할 것들

### 재료는 2~3가지 정도로 심플하게
재료는 여러 가지를 섞는 것보다 2~3종류로 제한해서 만드는 것이 손쉽고 맛도 좋다. 상큼한 맛이 좋은 사람에게는 오렌지나 딸기, 자몽, 키위 등을 추천. 과일이 너무 새콤할 때는 사과나 바나나 등 달콤한 과일을 섞어서 만들면 좋다. 짧은 시간에 부드럽게 갈리도록 재료는 모두 작게 잘라서 사용한다.

### 수분이 많고 부드러운 과일부터 먼저 넣는다
블렌더로 과일을 갈 때 자몽이나 오렌지 등 수분이 많은 것을 가장 먼저 넣는다. 그다음 바나나, 키위 등 부드러운 것을 넣고, 마지막에 사과 등 과육이 단단한 것을 넣는다. 물의 양은 기호에 따라 가감해도 좋으며, 처음에는 천천히 갈다가 어느 정도 섞이면 재빨리 갈아서 부드럽게 만든다. 얼리지 않은 생과일을 사용할 경우 얼음 몇 조각을 넣고 함께 갈면 더욱 맛있다.

### 꿀, 메이플 시럽 등으로 달콤함을 더한다
사과나 바나나 등 달콤한 과일에는 필요 없지만, 새콤한 맛이 강하거나 채소 등을 갈 때는 기호에 따라 꿀, 메이플 시럽, 아가베 시럽 등을 조금 첨가하면 훨씬 맛있다. 잎채소가 들어가거나 단맛이 강한 스무디는 레몬을 조금 넣으면 채소 특유의 풋내를 없애주고, 새콤한 맛이 더해져 풍미가 더 깊어진다.

### 얼린 과일? 얼음? 뭐가 더 좋을까?
과일 스무디를 만들 때는 얼음을 추가하는 편이다. 조금 더 진한 맛을 원한다면 얼음 대신 과일을 얼려서 사용하는 것도 방법. 하지만 함께 넣는 과일이 모두 냉동 상태라면 단단해서 잘 갈리지 않을 수 있다. 여러 가지 과일이 들어가는 레시피의 경우, 냉동 과일과 생과일을 적절히 믹스하고, 생과일만 사용할 때는 취향에 맞게 얼음을 추가한다.

# 키위 + 딸기 + 바나나 스무디

**재료 |**           **174kcal**

키위 2개
딸기 8개
바나나(작은 것) 1개
물 1컵

1 키위는 껍질을 벗기고 한입 크기로 썬다.
2 딸기는 체에 담아 흐르는 물에 여러 번 씻은 후 꼭지를 떼고 큰 것은 반으로 썬다. 미리 얼려 두었다가 사용하면 좋다.
3 바나나는 껍질을 벗기고 한입 크기로 썬다.
4 키위, 바나나, 딸기를 블렌더에 담고 물을 넣어 곱게 간다. 새콤한 맛이 강할 때는 꿀을 조금 넣고, 물의 양은 기호에 따라 가감한다. 모두 생과일을 사용할 경우 얼음 몇 조각을 넣고 함께 갈아도 좋다.

포도 + 수박 + 레몬 스무디

**재료 |**
포도 2컵
수박 1컵(수북이)
레몬 1/8개
물 적당량

1. 포도는 밀가루를 전체적으로 뿌려 10분쯤 두었다가 흐르는 물에 헹군다. 미리 얼려둔 냉동 포도를 사용하면 좋다. 씨가 있는 경우 함께 갈아 마셔도 괜찮은데, 파워가 약한 블렌더의 경우 잘 갈리지 않을 수 있으므로 번거롭더라도 씨를 제거한다.
2. 수박은 속살만 발라내어 한입 크기로 썬다. 씨 역시 함께 갈아 마셔도 괜찮은데, 블렌더의 파워가 약하다면 제거한다.
3. 레몬은 겉껍질을 저미듯이 잘라내고 속씨를 제거한다.
4. 수박, 포도, 레몬을 블렌더에 담고 그대로 갈거나 재료가 갈릴 정도로만 물을 넣고 간다. 모두 생과일을 사용할 경우 얼음 몇 조각을 넣고 함께 갈아도 좋다.

159kcal

**재료 |**
포도 1컵
자몽 1개
물 적당량

1 포도는 밀가루를 전체적으로 뿌려 10분쯤 두었다가 흐르는 물에 헹군다. 미리 얼려둔 냉동 포도를 사용하면 좋다. 씨가 있는 경우 함께 갈아 마셔도 괜찮은데, 파워가 약한 블렌더의 경우 잘 갈리지 않을 수 있으므로 번거롭더라도 씨를 제거한다.

2 자몽은 양쪽 끝 부분을 자른 후 길게 칼집을 내어 겉껍질을 벗기고 한입 크기로 썬다. 속씨는 제거한다.

3 자몽, 포도 순으로 블렌더에 담고 그대로 갈거나 재료가 갈릴 정도로만 물을 넣고 곱게 간다. 모두 생과일을 사용할 경우 얼음 몇 조각을 넣고 함께 갈아도 좋다.

## 포도 + 자몽스무디

**120kcal**

# 블루베리 + 바나나 스무디

**재료 |**                               **155kcal**
냉동 블루베리 2컵
바나나(작은 것) 1개
물 1컵

1 바나나는 껍질을 벗기고 한입 크기로 썬다.
2 바나나, 블루베리 순으로 블렌더에 담고 물을 부어 곱게 간다. 물의 양은 기호에 따라 가감한다.

## 바나나 + 딸기 + 아몬드 스무디

**재료 |**  360kcal
바나나 1개
딸기 8개
아몬드(물에 불린 것) 10개
물 1컵

1 아몬드는 미리 물에 담가 부드럽게 불린다.
2 바나나는 껍질을 벗기고 한입 크기로 썬다. 미리 얼려 두었다가 사용하면 좋다.
3 딸기는 체에 담아 흐르는 물에 여러 번 씻은 후 꼭지를 떼고 큰 것은 반으로 썬다.
4 블렌더에 아몬드를 넣고 먼저 간 후 딸기, 바나나 순으로 넣고 물을 부어 곱게 간다. 물의 양은 기호에 따라 가감한다. 모두 생과일을 사용할 경우 얼음 몇 조각을 넣고 함께 갈아도 좋다.

**144kcal**

## 딸기 + 오렌지스무디

**재료 |**
딸기 8개
오렌지 1½개
물 1/4컵

1 딸기는 체에 담아 흐르는 물에 여러 번 씻은 후 꼭지를 떼고 큰 것은 반으로 썬다. 미리 얼려둔 냉동 딸기를 사용하면 좋다.
2 오렌지는 양끝을 자른 후 겉껍질을 칼로 저미듯이 잘라내고 한입 크기로 썬다.
3 오렌지, 딸기 순으로 블렌더에 담고 물을 부어 곱게 간다. 물의 양은 기호에 따라 가감한다. 모두 생과일을 사용할 경우 얼음 몇 조각을 넣고 함께 갈아도 좋다.

**재료 |**
골드 키위·귤 2개씩
물 1/4컵

1 골드 키위는 껍질을 벗기고 한입 크기로 썬다. 미리 얼려 두었다가 사용하면 좋다.
2 귤은 겉껍질을 벗기고 작게 나눈다.
3 귤, 골드 키위 순으로 블렌더에 담고 물을 부어 곱게 간다. 물의 양은 기호에 따라 가감한다. 모두 생과일을 사용할 경우 얼음 몇 조각을 넣고 함께 갈아도 좋다.

골드 키위 + 귤 스무디

**170kcal**

## 망고 + 귤 스무디

**217kcal**

**재료 |**
망고(혹은 냉동 망고) 1½컵
귤 2개
물 1/4컵

1. 망고는 가운데 속씨를 중심으로 양옆을 길게 자른 후 숟가락으로 속살을 떠내거나 칼집을 내어 속살을 작게 자른다. 속씨에 붙어 있는 속살도 잘 발라낸다. 미리 얼려 두거나 냉동 망고를 사용해도 좋다.
2. 귤은 겉껍질을 벗기고 작게 나눈다.
3. 귤, 망고 순으로 블렌더에 담고 물을 부어 곱게 간다. 물의 양은 기호에 따라 가감한다. 모두 생과일을 사용할 경우 얼음 몇 조각을 넣고 함께 갈아도 좋다.

# 토마토 + 자몽스무디

**재료 |**
방울토마토 10개
자몽 1½개
물 적당량

1. 방울토마토는 깨끗이 씻어서 꼭지를 뗀다. 미리 얼려 두었다가 사용하면 좋다.
2. 자몽은 양끝을 자른 후 길게 칼집을 넣어서 겉껍질을 벗기고 한입 크기로 썬다.
3. 자몽, 방울토마토 순으로 블렌더에 담고 그대로 갈거나 잘 갈리지 않을 경우 블렌더가 작동할 정도로만 물을 더해 곱게 간다. 모두 생과일을 사용할 경우 얼음 및 소쿰을 넣고 함께 갈아도 좋다.

**108kcal**

## 사과 + 양배추 + 레몬스무디

**재료 |**
사과 1개
양배추 1장
레몬 1/2개
꿀 1작은술
물 1컵

1 사과는 소금으로 문질러 씻거나 식초 혹은 베이킹 소다를 넣은 물에 담가 두었다가 헹군 뒤 껍질째 한입 크기로 썬다. 미리 얼려 두었다가 사용하면 좋다.
2 양배추는 깨끗이 씻어서 작게 썬다.
3 레몬은 겉껍질을 저미듯이 잘라내고 속씨를 제거한 후 작게 썬다.
4 양배추, 레몬, 사과 순으로 블렌더에 담고 꿀과 물을 부어 곱게 간다. 꿀과 물의 양은 기호에 따라 가감한다. 모두 생과일을 사용할 경우 얼음 몇 조각을 넣고 함께 갈아도 좋다.

**145kcal**

## 골드 키위 + 셀러리 + 바나나 스무디

**147kcal**

**재료 |**
골드 키위 2개
셀러리 2/3대
바나나(작은 것) 1개
물 1컵

1 골드 키위는 껍질을 벗기고 한입 크기로 썬다.
2 셀러리는 깨끗이 씻어서 작게 썬다.
3 바나나는 껍질을 벗기고 한입 크기로 썬다. 미리 얼려 두었다가 사용하면 좋다.
4 키위와 바나나, 셀러리를 블렌더에 담고 물을 부어 곱게 간다. 물의 양은 기호에 따라 가감한다. 모두 생과일을 사용할 경우 얼음 몇 조각을 넣고 함께 갈아도 좋다.

## 파인애플 + 오이 + 레몬스무디

**71kcal**

**재료 |**
파인애플 2컵
오이 · 레몬 1/2개씩
메이플 시럽 1작은술
물 3/4컵

1 파인애플은 작게 한입 크기로 썬다. 미리 얼려 두었다가 사용하면 좋다.
2 오이는 소금으로 문질러 씻은 후 작게 썬다.
3 레몬은 겉껍질을 저미듯이 잘라내고 속씨를 제거한 후 작게 썬다.
4 오이와 레몬, 파인애플을 블렌더에 담고 메이플 시럽과 물을 부어 곱게 간다. 물의 양은 기호에 따라 가감한다. 메이플 시럽 대신 꿀을 사용해도 된다. 모두 생과일을 사용할 경우 얼음 몇 조각을 넣고 함께 갈아도 좋다.

**재료 |**
오렌지 1개
사과 1/2개
파인애플 1컵
물 1/2컵

1. 오렌지는 양끝을 자른 후 겉껍질을 칼로 저미듯이 잘라내고 한입 크기로 썬다.
2. 사과는 소금으로 문질러 씻거나 식초 혹은 베이킹소다를 넣은 물에 담가 두었다가 헹군 뒤 껍질째 한입 크기로 썬다.
3. 파인애플은 작게 한입 크기로 썬다. 미리 얼려 두었다가 사용하면 좋다.
4. 오렌지, 사과, 파인애플을 블렌더에 담고 물을 부어 곱게 간다. 물의 양은 기호에 따라 가감한다. 모두 생과일을 사용할 경우 얼음 몇 조각을 넣고 함께 갈아도 좋다.

오렌지 + 사과 + 파인애플 스무디

**166kcal**

**118kcal**

**재료 |**
오렌지 1개
방울토마토 10개
파인애플 1컵
물 1/2컵

1 오렌지는 양끝을 자른 후 겉껍질을 칼로 저미듯이 잘라내고 한입 크기로 썬다.
2 방울토마토는 깨끗이 씻어서 꼭지를 뗀다.
3 파인애플은 작게 한입 크기로 썬다. 미리 얼려 두었다가 사용하면 좋다.
4 오렌지, 방울토마토, 파인애플 순으로 블렌더에 담고 물을 부어 곱게 간다. 물의 양은 기호에 따라 가감한다. 모두 생과일을 사용할 경우 얼음 몇 조각을 넣고 함께 갈아도 좋다.

오렌지 + 토마토 + 파인애플 스무디

**재료 |**
딸기 16개
아보카도 1/2개
레몬 1/4개
메이플 시럽 2작은술
물 1¼컵

1 딸기는 체에 담아 흐르는 물에 여러 번 씻은 후 꼭지를 떼고 큰 것은 반으로 썬다. 미리 얼려둔 냉동 딸기를 사용하면 좋다.
2 잘 익은 아보카도는 길게 빙 둘러가며 칼집을 넣은 후 비틀어서 반으로 자르고 숟가락을 이용해 속살을 파낸다.
3 레몬은 겉껍질을 칼로 저미듯이 잘라 내고 속씨를 제거한다.
4 아보카도, 딸기, 레몬을 블렌더에 담은 후 메이플 시럽을 넣고 물을 부어 곱게 간다. 물과 메이플 시럽 양은 기호에 따라 가감하고, 메이플 시럽 대신 꿀을 사용해도 무방하다. 모두 생과일을 사용할 경우 얼음 몇 조각을 넣고 함께 갈아도 좋다.

딸기 + 아보카도 + 레몬스무디
**218kcal**

## 뭐 마실래? 아메리카노? 카페라테?

아침에 눈을 뜨면 습관적으로 한 잔, 사람을 만났으니 마주앉아서 또 한 잔. 스트레스 쌓일 때 마시고, 목이 말라서 마시고, 괜히 마시고… 사실 그렇게 마시는 게 커피입니다. 안 마셔도 되는데 그냥 마시는 때가 많아요. 그게 뭔가 하면 중독, 이라는 겁니다. 밥은 안 먹어도 커피는 굶을 수 없겠죠. 많은 사람들이 그렇게 살고 있는 것 같습니다. 커피 습관을 바꾸는 일에도 스무디가 한몫을 할 거라고 생각합니다. 몸을 위해서 식사 대신 스무디를 마시기 시작했다면 더더욱, 커피를 멀리하게 될 거예요. 내 몸 좀 살려보겠다고 작정한 마당에 커피 부어 도루묵이 되게 만들 수는 없을 테니까요. 커피는 그저 하루 한두 잔! 그 정도로만 제한하는 게 좋겠습니다.

## 아니, 나는 다이어트 스무디!

스무디 카페들이 점점 늘고 있습니다. 일반 카페에서도 스무디 메뉴들을 착착 추가하고 있는 데다 아예 스무디 전문 카페가 맹활약 중인 거지요. 반가운 일입니다만, 걱정이 하나 있다면 가격이 만만치 않다는 것입니다. 하루 세 끼를 스무디로 해결해 보겠다고 주문했더니 3만원이 훌쩍 넘는 고액! 그러니 마음대로 사 마시는 일이 쉽지 않을 수밖에 없습니다. 이런 상황이니 셀프 스무디에 관심을 가질 수밖에 없습니다. 게다가 메뉴도 내 취향에 맞게! 재료도 마음껏 가감하여 만들 수 있으니 장땡입니다. 커피 사 마시던 돈을 알뜰히 쟁여 두었다가 스무디 만드는 데 찬란하게 쓰시지요. 그래서 예뻐지고, 건강해진다면 보람도 그만큼 크지 않겠습니까?

# 3장 두유·요구르트·아몬드밀크!

저녁 식사 대용으로 좋아요

# 에너지 업! 단백질 스무디

가루도 좋고 씨앗도 좋다더라

애들 덕분에 밥 없이도 속이 든든하더라

밥 없는 저녁 밥상에는 단백질 스무디

### 두유나 플레인 요구르트, 저지방 우유를 사용할 것

앞장에서 소개한 물을 섞어 만든 스무디들이 재료 각각의 맛을 살려준다면, 두유나 우유, 요구르트 등을 넣은 단백질 스무디는 채소 특유의 맛과 향은 잘 커버하면서도 부드럽고 고소한 맛을 선사한다는 이점이 있다. 두유나 요구르트는 플레인 제품을 사용하고, 우유도 저지방 우유가 다이어트에 효과적이다.

### 다이어터들의 선택! 아몬드밀크도 추천한다

요즘 대세라는 아몬드밀크도 강력 추천 아이템이다. 칼로리가 일반 우유의 1/3에 불과한 데다 포화 지방과 콜레스테롤이 없는 기능성 음료로 꼽히고 있다. 또한 항산화 효과가 뛰어나 피부 미용에도 도움을 주고, 유당을 함유하고 있지 않아서 우유를 마시면 속이 불편한 사람들의 대체 식품으로도 좋다. 역시 무가당 제품을 골라서 사용한다.

### 단백질 스무디는 저녁 식사 대용으로 제격

스무디에 우유나 두유, 요구르트를 더해서 만들면 특히 단백질 보충에 도움을 받을 수 있다. 아침 식사뿐 아니라 다이어트 시의 저녁 식사 대용으로도 무리가 없다. 한 컵에 다양한 영양소가 듬뿍 들어 있을 뿐 아니라, 포만감도 크기 때문에 쉽게 허기지지 않는다. 운동을 하더라도 단백질 섭취가 부족하면 근육은 줄고 체지방은 늘어나기 쉽다는 점을 명심할 것.

### 달콤한 맛은 아주 조금만 더할 것

우유나 두유, 요구르트, 아몬드밀크, 치아시드 등을 더해 만든 단백질 스무디는 고소한 맛은 있지만 과일이 듬뿍 들어간 스위트 스무디에 비해 달콤한 맛은 덜한 편이다. 단맛이 필요할 때는 꿀이나 아가베 시럽, 메이플 시럽 등을 조금 첨가해도 좋다. 하지만 다이어트를 하고 있다면 역시 당분은 자제할 것을 권한다.

### 코코넛워터, 코코넛밀크도 좋다

코코넛오일의 영양에 대한 관심이 높아지고 있는 요즘! 코코넛워터와 코코넛밀크도 영양 만점 식품으로 주목받고 있다. 특히 코코넛워터는 마그네슘과 칼륨 등 미네랄 성분이 풍부하면서 칼로리가 낮아서 다이어트에 효과적이다. 반면 코코넛밀크는 영양이 뛰어나고 고소한 맛이 일품이지만 칼로리가 높은 편. 스무디를 만들 때는 코코넛워터와 코코넛밀크를 함께 사용해 칼로리 밸런스를 맞추는 것이 좋다.

### 치아시드

세계 10대 슈퍼 푸드로 각광받고 있는 식품. 특히 식이섬유가 풍부해서 변비를 해소하고, 몸속의 독소를 제거하는 데 탁월한 역할을 한다. 물이나 주스에 담가 놓으면 부피가 10배가량 불어나는데 먹으면 포만감이 클 뿐 아니라, 체지방을 분해하고 체내에 지방이 쌓이는 것을 막아 준다.
이외에도 오메가3를 비롯해 칼슘과 철분, 마그네슘, 칼륨 등의 영양소가 골고루 들어 있어서 무리 없이 다이어트하기에 좋은 식품이다. 피부 미용에 좋은 치아시드는 화장품의 원료로도 사용되는데, 항산화제로 유명한 토코페롤 성분이 풍부해 노화를 예방해 준다.

### 아마 씨

음식에 넣으면 고소한 참깨 맛을 내는 아마 씨. 젤라틴 성분이 함유되어 있어서 거칠어진 피부를 개선하고, 기미, 주근깨 등 잡티를 제거해 준다. 식이섬유가 장 운동을 활발하게 하고, 장내 독소를 제거해 주기도.
특히 아마 씨에 풍부한 리그난이라는 성분은 천연 항암 물질을 만들어내기 때문에 항산화 기능을 향상시키고, 각종 암과 성인병 예방에 효과적이다. 이외에도 오메가3 성분이 나쁜 콜레스테롤을 배출, 각종 혈관 질환에 도움을 준다. 단, 생아마 씨에는 독성 물질이 미량 함유되어 있으므로 반드시 볶거나 가열 후 섭취하는 것이 중요하다.

**단백질 스무디 재료들의 영양 성분**

### 코코넛워터
천연 이온 음료인 코코넛워터는 칼륨과 전해질이 풍부하면서도 칼로리가 낮아서 다이어트 시나 운동 후에 마시면 특히 효과적이다. 미네랄워터보다 흡수가 빨라서 갈증을 쉽게 해소하고 몸속에 수분을 공급해 준다.

### 코코넛밀크
맛이 부드럽고 특유의 고소한 향을 지니고 있어 스무디의 맛을 더욱 풍성하게 해 준다. 탄수화물 함량이 매우 낮고 식이섬유, 칼슘, 아연, 단백질, 비타민 C, 엽산, 칼륨 등이 풍부하다. 코코넛밀크의 식이섬유는 해독과 노폐물 배출을 돕고, 이뇨 작용을 하기 때문에 체내에 수분이 과잉으로 쌓여 살이 찌는 것을 막아준다. 이외에 칼륨은 염분에 들어 있는 나트륨을 분해해서 몸의 부기를 없애는 데 도움을 준다. 단, 코코넛밀크는 식물성이면서도 포화 지방산의 함량이 높아 한 번에 너무 많이 섭취하지 않도록 한다.

### 아몬드밀크
아몬드밀크는 우유에 비해 열량이 낮고 유당이 없으므로, 우유를 먹으면 속이 불편한 사람도 편하게 마실 수 있다. 포화 지방산이 매우 낮고 콜레스테롤이 없으며, 불포화 지방산이 풍부하다. 식후 혈당을 낮춰주며, 포만감을 주기 때문에 다이어트에도 효과적. 또한 아몬드에는 탄수화물이 거의 없고 칼슘, 비타민 E가 풍부해 노화 억제, 유해 산소 제거, 치아 건강에 좋다. 항산화 효과로 기미, 주근깨, 주름을 개선해 주기도 한다.

오늘도 든든하게

한 병 식사

호로록

근육 키우고 체지방은 낮추자

## 두유 + 사과 당근 생강 스무디

245kcal

**재료 |**

무가당 플레인 두유(혹은 저지방 우유) 1컵
사과 1개
당근(중간 크기) 1/3개
갈은 생강 1/2작은술
레몬 1/4개
시나몬 파우더 약간
메이플 시럽 1작은술

1 사과는 소금으로 문질러 씻거나 식초 혹은 베이킹소다를 넣은 물에 담가 두었다가 헹군 뒤 껍질째 한입 크기로 썬다. 미리 얼려 두었다가 사용하면 좋다.
2 당근은 껍질을 벗기고 한입 크기로 썬다.
3 생강은 강판에 갈아서 준비한다. 파워가 강한 블렌더의 경우 작게 잘라 넣어도 좋다.
4 레몬은 겉껍질을 저미듯이 잘라내고 속씨를 제거한다.
5 준비한 재료를 모두 블렌더에 담고 시나몬 파우더와 메이플 시럽, 두유를 넣고 곱게 간다. 메이플 시럽 대신 꿀을 사용해도 좋으며, 두유와 메이플 시럽 양은 기호에 따라 가감해도 상관없다. 모두 생과일을 사용할 경우 얼음 몇 조각을 넣고 함께 갈아도 좋다.

## 두유 + 시금치 사과 당근 스무디

**재료 |**     244kcal

무가당 플레인 두유(혹은 저지방 우유) 1컵
시금치 2뿌리
사과 1개
당근(중간 크기) 1/3개
레몬 1/2개
꿀 1작은술

1. 시금치는 깨끗이 다듬어 씻어서 뿌리 부분까지 작게 썬다.
2. 사과는 소금으로 문질러 씻거나 식초 혹은 베이킹소다를 넣은 물에 담가 두었다가 헹군 뒤 껍질째 한입 크기로 썬다. 미리 얼려 두었다가 사용하면 좋다.
3. 당근은 껍질을 벗기고 한입 크기로 썬다.
4. 레몬은 겉껍질을 저미듯이 잘라내고 속씨를 제거한 후 작게 썬다.
5. 준비한 재료를 블렌더에 담고 꿀과 두유를 넣어 곱게 간다. 꿀과 두유의 양은 기호에 따라 가감한다. 모두 생과일을 사용할 경우 얼음 몇 조각을 넣고 함께 갈아도 좋다.

**재료 |**
무가당 플레인 두유(혹은 저지방 우유) 1컵
바나나(작은 것)·사과 1개씩
갈은 생강 1/2작은술
시나몬 파우더 약간

1 바나나는 껍질을 벗기고 한입 크기로 썬다. 미리 얼려 두었다가 사용하면 좋다.
2 사과는 소금으로 문질러 씻거나 식초 혹은 베이킹소다를 넣은 물에 담가 두었다가 헹군 뒤 껍질째 한입 크기로 썬다.
3 생강은 강판에 갈아서 준비한다. 파워가 강한 블렌더의 경우 작게 잘라 넣어도 좋다.
4 준비한 재료를 블렌더에 담고 시나몬 파우더와 두유를 넣어 곱게 간다. 두유의 양은 기호에 따라 가감한다. 모두 생과일을 사용할 경우 얼음 몇 조각을 넣고 함께 갈아도 좋다.

두유 + 바나나사과생강스무디
**253kcal**

두유 + 딸기 파프리카 스무디

160kcal

**재료 |**
무가당 플레인 두유(혹은 저지방 우유) 1컵
딸기 15개
빨간 파프리카 1/2개
꿀 1/2큰술

1 딸기는 체에 담아 흐르는 물에 여러 번 씻은 후 꼭지를 떼고 큰 것은 반으로 썬다. 미리 얼려둔 냉동 딸기를 사용하면 좋다.
2 파프리카는 깨끗이 씻어서 꼭지를 떼어내고 속씨를 제거한 후 작게 썬다.
3 파프리카와 딸기를 블렌더에 담고 꿀과 두유를 넣어서 곱게 간다. 꿀과 두유의 양은 기호에 따라 가감한다. 생과일을 사용할 경우 얼음 몇 조각을 넣고 함께 갈아도 좋다.

두유 + 블루베리 아보카도 스무디

339kcal

**재료 |**
무가당 플레인 두유(혹은 저지방 우유) 1¼컵
냉동 블루베리 2컵
아보카도 1/2개
무가당 코코아 파우더 2작은술
꿀 1/2큰술

<u>1</u> 잘 익은 아보카도는 길게 빙 둘러가며 칼집을 넣은 후 비틀어서 반으로 자르고 숟가락을 이용해 속살을 파낸다.
<u>2</u> 아보카도와 블루베리를 블렌더에 담고 코코아 파우더, 꿀, 두유를 부어 곱게 간다. 꿀과 두유의 양은 기호에 따라 가감한다.

## 요구르트 & 아몬드밀크 + 케일 파인애플 스무디

**104kcal**

**재료 |**
무가당 플레인 요구르트·
무가당 아몬드 밀크 1/2컵씩
케일 6장
파인애플 2컵

1 케일은 깨끗이 씻어서 작게 한입 크기로 썬다.
2 파인애플은 한입 크기로 작게 썬다. 미리 얼려 둔 냉동 파인애플을 사용하면 좋다.
3 파인애플과 케일을 블렌더에 담고 요구르트와 아몬드밀크를 부어 곱게 간다. 아몬드밀크의 양은 기호에 따라 가감한다. 생과일을 사용할 경우 얼음 몇 조각을 넣고 함께 갈아도 좋다.

## 요구르트&아몬드밀크 + 망고브로콜리레몬스무디 **295kcal**

**재료 |**
무가당 플레인 요구르트·
무가당 아몬드밀크 1컵씩
망고(혹은 냉동 망고) 2컵
브로콜리 4쪽
레몬 1/4개
꿀 1작은술

1 망고는 가운데 속씨를 중심으로 양옆을 길게 자른 후 숟가락으로 속살을 떠내거나 칼집을 내어 속살을 작게 자른다. 속씨에 붙어 있는 속살도 잘 발라낸다. 냉동 망고를 사용해도 좋다.

2 브로콜리는 깨끗이 씻어서 작게 썬다.

3 레몬은 겉껍질을 저미듯이 잘라내고 속씨를 제거한다.

4 망고와 레몬, 브로콜리를 블렌더에 담고 꿀과 요구르트, 아몬드밀크를 넣어 곱게 간다. 꿀과 아몬드밀크의 양은 기호에 따라 가감한다. 모두 생과일을 사용할 경우 얼음 몇 조각을 넣고 함께 갈아도 좋다.

요구르트 & 아몬드 밀크 + 파인애플양배추스무디 **116kcal**

**재료 |**

무가당 플레인 요구르트·
무가당 아몬드밀크 1/2컵씩
파인애플 2컵
양배추 1장
꿀 1작은술

1 파인애플은 작게 한입 크기로 썬다. 미리 얼려 두었다가 사용하면 좋다.
2 양배추는 깨끗이 씻어서 작게 썬다.
3 파인애플, 양배추를 블렌더에 담고 꿀과 요구르트, 아몬드밀크를 넣어 곱게 간다. 꿀과 아몬드밀크의 양은 기호에 따라 가감한다. 생과일을 사용할 경우 얼음 몇 조각을 넣고 함께 갈아도 좋다.

요구르트 & 아몬드밀크
+ 망고 파프리카 당근 스무디

**222kcal**

**재료 |**
무가당 플레인 요구르트 1/2컵
무가당 아몬드밀크 3/4컵
망고(혹은 냉동 망고) 2컵
노란 파프리카 1/4개
당근(중간 크기) 1/3개

1 망고는 가운데 속씨를 중심으로 양옆을 길게 자른 후 숟가락으로 속살을 떠내거나 칼집을 내어 속살을 작게 자른다. 속씨에 붙어 있는 속살도 잘 발라낸다. 냉동 망고를 사용해도 좋다.
2 파프리카는 깨끗이 씻어서 꼭지를 떼어내고 속씨를 제거한 후 작게 썬다.
3 당근은 껍질을 벗기고 작게 썬다.
4 준비한 재료를 블렌더에 담고 요구르트와 아몬드밀크를 부어 곱게 간다. 아몬드밀크의 양은 기호에 따라 가감한다. 생과일을 사용할 경우 얼음 몇 조각을 넣고 함께 갈아도 좋다.

**201kcal**

## 요구르트&아몬드밀크 + 시금치바나나딸기 파인스무디

**재료 |**

무가당 플레인 요구르트 ·
무가당 아몬드밀크 1/2컵씩
시금치 2뿌리
바나나(작은 것) 1개
딸기 8개
파인애플 1컵

1 시금치는 깨끗이 다듬어 씻어서 뿌리 부분까지 작게 썬다.
2 바나나는 껍질을 벗기고 한입 크기로 썬다.
3 딸기는 체에 담아 흐르는 물에 여러 번 씻은 후 꼭지를 떼고 큰 것은 반으로 썬다. 미리 얼려 둔 냉동 딸기를 사용하면 좋다.
4 파인애플은 한입 크기로 썬다.
5 준비한 재료를 블렌더에 담고 요구르트와 아몬드밀크를 부어 곱게 간다. 아몬드밀크의 양은 기호에 따라 가감한다. 모두 생과일을 사용할 경우 얼음 몇 조각을 넣고 함께 갈아도 좋다.

## 코코넛워터 + 시금치케일바나나배스무디

**263kcal**

**재료 |**
코코넛워터 3/4컵
시금치 2뿌리
케일 2장
바나나(작은 것) ·
배(작은 것) 1개씩
레몬 1/4개

1 시금치는 깨끗이 다듬어 씻어서 뿌리 부분까지 작게 썬다.
2 케일은 깨끗이 씻어서 작게 썬다.
3 바나나는 껍질을 벗기고 한입 크기로 썬다. 미리 얼려 두었다가 사용하면 좋다.
4 배는 껍질을 벗기고 한입 크기로 썬다.
5 레몬은 겉껍질을 저미듯이 잘라내고 속씨를 제거한다.
6 준비한 재료를 블렌더에 담고 코코넛워터를 부은 후 곱게 간다. 코코넛워터의 양은 기호에 따라 가감한다. 모두 생과일을 사용할 경우 얼음 몇 조각을 넣고 함께 갈아도 좋다.

## 코코넛워터 + 청경채블루베리오렌지스무디

165kcal

1 청경채는 깨끗이 씻어서 작게 썬다.
2 오렌지는 양끝을 자른 후 겉껍질을 저미듯이 잘라내고 한입 크기로 썬다.
3 오렌지, 블루베리, 청경채 순으로 블렌더에 담고 코코넛워터를 부어 곱게 간다. 코코넛워터의 양은 기호에 따라 가감한다.

**재료 |**

코코넛워터 1/2컵
청경채 2포기
냉동 블루베리 1컵
오렌지 1개

379kcal

## 코코넛밀크&코코넛워터 + 망고파인애플아마씨 스무디

**재료 |**
코코넛밀크 · 코코넛워터 1/2컵씩
망고(혹은 냉동 망고) 1컵
파인애플 2컵
레몬 1/4개
볶은 아마 씨 1작은술

1 망고는 가운데 속씨를 중심으로 양옆을 길게 자른 후 숟가락으로 속살을 떠내거나 칼집을 내어 작게 자른다. 속씨에 붙어 있는 속살도 잘 발라낸다. 미리 얼려 두거나 냉동 망고를 사용해도 좋다.
2 파인애플은 껍질을 벗기고 한입 크기로 썬다.
3 레몬은 겉껍질을 저미듯이 잘라내고 속씨를 제거한다.
4 준비한 재료와 아마 씨를 블렌더에 담고 코코넛밀크와 코코넛워터를 부어 곱게 간다. 코코넛밀크와 코코넛워터의 양은 기호에 따라 가감한다. 모두 생과일을 사용할 경우 얼음 몇 조각을 넣고 함께 갈아도 좋다.

411kcal

## 코코넛밀크&코코넛워터 + 바나나블루베리치아시드스무디

1 치아시드는 코코넛밀크에 넣고 잠시 불린다.
2 바나나는 껍질을 벗기고 한입 크기로 썬다.
3 바나나와 블루베리를 블렌더에 담고 1과 코코넛워터를 넣어 곱게 간다. 코코넛워터의 양은 기호에 따라 가감한다.
※치아시드는 그대로 넣고 갈아도 되지만 불려서 사용하는 것이 더 부드럽고 포만감도 크다. 미리 불려 두었다가 완성된 스무디에 넣고 섞어 마셔도 좋다.

**재료 |**

코코넛밀크 1/2컵
코코넛워터 3/4컵
바나나(작은 것) 1개
냉동 블루베리 1½컵
치아시드 1/2큰술

아몬드밀크 + 망고케일치아시드스무디

**재료 |**

무가당 아몬드밀크 1⅓컵
망고(혹은 냉동 망고) 1½컵
케일 5장
레몬 1/4개
치아시드 1/2큰술
메이플 시럽 1작은술

<u>1</u> 치아시드는 아몬드밀크에 넣고 잠시 불린다.
<u>2</u> 망고는 가운데 속씨를 중심으로 양옆을 길게 자른 후 숟가락으로 속살을 떠내거나 칼집을 내어 작게 자른다. 속씨에 붙어 있는 속살도 잘 발라낸다. 냉동 망고를 사용해도 좋다.
<u>3</u> 케일은 깨끗이 씻어서 작게 썬다.
<u>4</u> 레몬은 겉껍질을 저미듯이 잘라내고 속씨를 제거한다.
<u>5</u> 망고와 레몬, 케일을 블렌더에 담고 메이플 시럽과 <u>1</u>을 부어 곱게 간다. 메이플 시럽 대신 꿀을 사용해도 무방하고, 기호에 따라 메이플 시럽과 아몬드밀크의 양을 가감한다. 모두 생과일을 사용할 경우 얼음 몇 조각을 넣고 함께 갈아도 좋다.

※치아시드는 그대로 넣고 갈아도 되지만 불려서 사용하는 것이 더 부드럽고 포만감도 크다. 미리 불려 두었다가 완성된 스무디에 넣고 섞어 마셔도 좋다.

**239kcal**

## 사랑하기

스무디를 만들어 먹자고 하면서, 잔소리에 군소리 시시콜콜 늘어놓으면서 책을 엮었지만… 결론은 단 하나, 나를 사랑하자는 말이었습니다. 나를 위해서 신선하고 영양가 높은 채소를 고르고, 나를 위해서 과일이 가득 쌓인 가게로 들어서고, 나를 위해서 한 병 또 한 병 채워 담는 일. 그런 게 마치 아주 성스러운 의식 같을 거라는 생각도 들었죠. 정체 불명의 바이러스 하나도 이기지 못해 벌벌 떨어야 하는 시시한 인생이지만, 그럴수록 내가 단단해져야 한다는 생각. 정말이지 그런 생각이 들었습니다.

이 책을 집어든 당신이 싱글인지, 엄마인지, 아빠이거나 혹 오빠인지는 모르겠습니다만… 그저 우리는 모두 나를 아끼는 일에 마음과 시간과 돈을 좀 투자해도 좋겠다는 거. 그 마음으로 이 책을 닫으렵니다.

꾸역꾸역 채웠던 위장을 잠시 비우고 몸이 좋아한다는 건강한 스무디 한 잔 행복하게 부어주는 일. 멋지지 않겠어요? 마치 일기를 쓰듯이, 채소와 과일을 고르고 다듬어서 맛있는 인생을 만드는 일에 힘을 실을 수 있다면 좋겠습니다.

'자(Jar)'라고 불리는 유리병 하나에 결이 다른 건강한 다짐을 채워 넣고 오늘 하루쯤은 또 그렇게 그린그린하게 살아 보기를! 이런 것도 한 템포 느리게 살아가는 방법이 될 것 같습니다.

오늘도 정말이지 그린그린하기를!

끝!

# 每日 한병
## : 다이어트 스무디

초판 1쇄 발행 2015년 7월 10일
초판 3쇄 발행 2015년 8월 31일

지은이 | 김수연
펴낸이 | 김우연, 계명훈
기획 · 진행 | fbook
　　　　　　김수경, 김연, 배수은, 박혜숙, 최윤정
마케팅 | 함송이
경영지원 | 이보혜
디자인 | design group ALL(02-776-9862)
사진 | 이정민(물나무스튜디오 02-793-2231)
감수 | 정선주(영양사)
블렌더 협찬 | 브라운(080-647-0000)
유리병 · 소품 협찬 | JAJU
앞치마 · 매트 협찬 | 15구(www.15e.co.kr)
교정 | 김혜정
펴낸 곳 | for book 서울시 마포구 공덕동 105-219 정화빌딩 3층
　　　　　02-753-2700(판매) 02-335-3012(편집)
출판 등록 | 2005년 8월 5일 제 2-4209호

값 8,000원
ISBN 979-11-86455-77-7　13590

본 저작물은 for book에서 저작권자와의 계약에 따라 발행한 것이므로
본사의 허락 없이는 어떠한 형태나 수단으로도 이 책의 내용을 사용할 수 없습니다.

※ 잘못된 책은 바꾸어 드립니다.